古今人物谭

评功过

来新夏 著

2017年·北京

图书在版编目(CIP)数据

评功过/来新夏著.—北京:商务印书馆,2016
(2017.2重印)
(古今人物谭)
ISBN 978-7-100-11126-3

I.①评… II.①来… III.①历史人物—人物评论—中国—古代 IV.①K820.2

中国版本图书馆 CIP 数据核字(2015)第 049759 号

所有权利保留。
未经许可,不得以任何方式使用。

古今人物谭

评功过

来新夏 著

商 务 印 书 馆 出 版
(北京王府井大街36号 邮政编码100710)
商 务 印 书 馆 发 行
三河市尚艺印装有限公司印刷
ISBN 978-7-100-11126-3

| 2016年3月第1版 | 开本 787×1092 1/32 |
| 2017年2月北京第2次印刷 | 印张 6 1/2 |

定价:42.00元

前　言

人物是历史的灵魂，是推动历史发展的动力，是演绎世间百色斑斓现象的角色。当我们研读和交谈历史时，很难避免言及人物。我读过一些史书，也记住一些情节故事，写文著书时，不断引用。日常生活，也常以人为镜，校正得失。于是，养成一种好谈古今人物的癖好。

十几年前，常有些学生和亲属晚辈来"邃谷"，谈天说地。最多涉及的仍是历史人物。有时谈人物的生平遭遇，有时论人物的功过是非，有时述所见所闻。虽不能像东汉末年许劭那样作"月旦评"，但事后陆续把所谈内容写录保存。文字虽然粗糙简略，不过往往集中人物某一特点，尚有会心，于是操笔删定，藏之箧柜。日积月累，积有成数，乃分别编为《明耻篇》（"中华文化集粹丛书"）及《只眼看人》等二种，付之剞劂问世。历时十余年，二书已在市肆难求。适丁波兄邀稿，为普及古今人物事迹，乃以二书为本，从中选用若干篇，益以新作，合成"古今人物谭"丛书。

丛书分三册，以时代划分为古代、近代与当代，以人物重点事迹为中心，文章或长或短，不拘形式。唯所述皆事有根据，文有出处。文字力求浅近，可供中等文化水平人士随时阅读。三册各有命名，第一册名《评功过》，为古代部分，即自上古至鸦片战争前的清朝止；第二册名《辨是非》，为近代部分，是活动于1840年至1949年间并卒于1949年前的人物；第三册名《述见闻》，所收为卒于1950年后的人物。每册约在十万字左右，开本小巧，便于读者携带与阅读。

这三本书中所收各篇，大多是旧作，因年高精力衰退，无能重作。有少数几篇是近年新作，一并合在一起。各篇多保持当年面貌，与读者共享重温之乐。所有不足之处，统祈谅察。

2013年中秋写于邃谷

行年九十一岁

目 录

伯夷与叔齐　1

功成身退的介子推　5

仁智节俭的晏婴　9

卧薪尝胆的勾践　16

司马迁尊孔　21

坚贞不屈的苏武　26

"强项令"董宣　33

蔡伦"造"纸　39

昏夜拒金的杨震　42

给曹操"洗脸"　48

知耻自新的周处　52

闻鸡起舞的祖逖　56

饮"贪泉"而不贪的吴隐之　61

重视家教的颜之推　65

佐治仁爱的长孙皇后　69

流芳千古的颜真卿与颜杲卿　74

忠义智勇的段秀实　79

李清照与《金石录后序》　84

满门忠烈的谢枋得 96
碧海丹心郑思肖 100
誓死守节的方孝孺 105
天一明珠话范钦 110
大义斥奸的杨继盛 114
曹学佺与儒藏 118
行己有耻的顾炎武 121
亦僧亦儒屈大均 130
少年英雄夏完淳 138
王士禛与池北书库 145
王晫的自我炒作 150
高士奇和他的笔记 155
康熙与宋荦 172
王鸣盛的退休生活 175
总持四库的纪晓岚 183
烧车御史谢振定 193
女科学家王贞仪 199

伯夷与叔齐

> 若伯夷者，特立独行，
> 穷天地，亘万世而不顾者也。
> 昭乎日月，不足为明；
> 崒乎泰山，不足为高；
> 巍乎天地，不足为容也。

这是唐代文豪韩愈所写《伯夷颂》的一段。他热情地讴歌了商朝末年伯夷兄弟明耻守节的高尚情操。伯夷、叔齐是什么人？他们为什么受到后人如此崇敬和赞扬呢？

伯夷、叔齐是亲兄弟，复姓墨胎[①]。伯夷名允，字公信；叔齐名致，字公达。伯、叔是排行，即长与三之意。夷、齐是他们死后，人们根据他们的行事和为人所起的尊号。他们的父亲名初，字子朝，是商朝孤竹国（今河

[①] 邢昺《春秋少阳篇》：伯夷姓墨。——编者按

北卢龙县①）的国君。生前立小儿子叔齐做了太子。他死后，叔齐认为自己不该继承王位，这是父亲的偏爱。于是执意要把王位让给大哥伯夷。伯夷也很贤达，坚决不肯接受。说这是父亲的遗命，不能违背。兄弟俩你辞我让，谁也不肯即位。他们把争夺权位看作是一种耻辱，宁愿舍利，也要取义，最后双双离家出走。国人无奈，只得让叔齐的次兄当了国君。

当时正是商纣王统治时期。纣王是历史上有名的暴君。他才力非凡，据说能够徒手与野兽格斗，狡诈足可以拒绝劝谏，并能用言辞掩饰自己的错误。他不断发动对周围部族的战争，耗费了大量的人力物力，同时贪婪无厌，向人民横加摊派，又好酒淫乐，嬖爱妇人，过着极端奢侈腐朽的生活，使人民不堪忍受。为了镇压人民的反抗，维持其摇摇欲坠的统治，他"创造"了许多酷刑，如炮烙、剖腹等。在这种情况下，社会各种矛盾都达到了空前尖锐的程度。

这时活动在西北的周族，在西伯即周文王的领导下，谨守祖业，内修仁政，礼贤下士，敬老爱幼。伯夷、叔齐听说后，前去投奔。当他们到达那里时，周文

---

① 一说县西偏北，现为滦县、迁安市。——编者按

王刚刚去世。文王之子姬发做了周的国君,即历史上的周武王。他遵照父亲的遗训,兢兢业业,积蓄力量,经过一段时间的准备,便开始了灭商的战争。伯夷、叔齐认为,武王所讨灭的虽是施行暴政的商纣王,但这是一种不合乎君臣体制的行为,而且文王的丧葬尚未完成,不应出兵。所以当武王载着文王的木主(牌位)大举讨伐时,伯夷、叔齐兄弟便拉住武王的马头,激动地诤谏武王说:"父亲去世不进行安葬,反而发动战争,这样做能叫孝吗?以臣子的地位征伐君主,这能算作仁吗?"武王左右的卫士要杀死他们。姜太公说:"他们是仁人义士,把他们搀走吧!"武王在牧野(今河南淇县西南①)之战中,大败商军。纣王见大势已去,自焚而死。周遂统一了天下。

伯夷、叔齐认为,这是一个没有忠孝仁义的社会,一个违反伦理的世界。他们哥俩耻于活在这个世上,于是就跑到了首阳山(今山西永济西南②)隐居起来,决心不吃周朝的食物(不食周粟),只吃山上的野菜。几

---

① 一说新乡。
② 目前首阳山位置无定论,还有河北卢龙县、山西永济市、甘肃渭源县、河南偃师市四说。——编者按

天之后，便病倒了。临终前，他们留下了一首非常哀痛的诗篇：

> 登彼西山兮！采其薇矣。以暴易暴兮！不知其非矣。神农、虞、夏忽焉没兮，我安适归矣？于嗟徂兮！命之衰矣。

意思是我们登上北方的首阳山，去食野菜度日。周使用暴力去取代商这个残暴政权，而不知自己所作所为是不对的。圣人神农、虞舜和理想的夏王朝，为什么一瞬间就消逝了呢？哪里是我适当的归宿呢？唉！不如死了吧！因为命运已经衰薄了。

最后兄弟二人终于饿死在首阳山中。他们这种迂腐的做法固不可取，但是他们耻于争权，恪尽自己操守的精神，却如江河行地，日月经天，千百年来，始终作为洁身守道的榜样，鼓舞着炎黄子孙舍利取义，喋血明志。又有不计其数的诗篇和书画艺术品以伯夷、叔齐的行事为题材，来传诵他们的事迹以影响和教育后人。

功成身退的介子推

自古以来，我们华夏儿女不慕高官厚禄、视富贵如浮云者，不乏其人。他们像一颗颗璀璨的宝玉，镶嵌在中华民族的历史画卷上，永远闪烁着耀眼的光辉。介子推就是其中之一。

介子推或称介之推，是春秋时期晋国的大臣。公元前656年，晋献公的宠妾骊姬，为了让自己的儿子奚齐继承王位，害死了太子申生。她又怕其他公子不服，于是，千方百计陷害他们。第二年，公子重耳不得不带着一批谋臣武将逃离了祖国，流亡他邦。介子推也在其中，而且是重耳的重要谋臣之一。他跟随着重耳辗转在狄、卫、齐、曹、宋、郑、楚等国之间，最后到达了秦国。这期间，他们有过风餐露宿的时候，挨过断炊绝粮的痛苦，也遭到过冷遇和羞辱。总之，颠沛流离的生活，使他们饱尝了艰难困苦。但是，他们君臣始终同甘苦，共患难，齐心协力，期望着有朝一日重返家园。

公元前636年的春天,在秦国的帮助下,重耳一行经过了十九年的流亡之后,终于可以回国了。就在他们向晋国进发,横渡黄河的时候,有一个名叫狐偃的谋士,将祭祀用的璧玉(象征国家政权)还给重耳说:"我跟随你几乎走遍天下,肯定有许多的过失,为了回国后免遭你的杀戮,我请求你让我从这里走开。"重耳马上明白,这是狐偃怕回国后得不到重用和封赏,于是面对黄河发誓说:"我回国即位,若不与你共同治理国政,就不能渡过黄河。让河伯做见证人吧!"说罢,把狐偃递过来的璧玉抛入滚滚的河中。介子推恰好站在船上,把这一切都看在眼里了,暗自笑道:"是苍天保佑重耳,让他得以回国即位。但是狐偃以为是自己的功劳,实在可耻。我怎能与这种人为伍呢!"他鄙夷这种邀功请赏的做法,憎恨贪图富贵的人,便决定急流勇退。于是就暗自渡过黄河,不辞而别了。

重耳返国后,做了国君,即晋文公,然后论功封赏了随从他流亡的人员。"大者封邑,小者尊爵"。未及赏遍,周王室发生了内乱。周襄王被他的弟弟太叔带赶跑了,襄王逃到郑国后向晋求援。晋文公忙着处理这件事,就把封赏介子推的事给忘了。

介子推听说晋文公论功行赏,就对他的老母亲说:

"晋献公一共有九个儿子,现在只有重耳一人在世。这说明上天不绝晋祀。可是狐偃等人认为,是他们使重耳做了国君。这不是胡说八道吗?窃人之财,尚称之为盗。更何况贪天之功窃为己力呢?下面的人冒功邀赏,上面的人对欺世盗名者还加以赏赐。上下互相欺蒙,我实在难和他们相处。"他母亲说:"你奔波效劳了十九年,劳苦不小,何不也去求赏?"介子推说:"明知错误而去效法,错误就更大了。我既然责怪了他们,就不能再要国君的俸禄了。"他母亲又说:"那我们也应该让文公知道一下。"介子推说:"我打算隐居起来,哪里还用得着这些?如果我们前去表白,就是想追求显露。"他母亲说:"你能做清廉之士,我岂不能做廉士之母?我们就一起隐于深山之中吧!"于是,他们母子二人就进入了绵上(今山西介休东南)山中,过起隐居的生活。

　　介子推的随从怜惜他的遭遇,并对晋文公忘记封赏介子推一事大为不满。为了让晋文公知道此事,他们就写了一封信,挂在晋文公的宫门前。文公发现后,打开一看,上面写道:"龙想上天的时候,曾有五条蛇帮助他。现在龙上天了,四条蛇有了归宿。唯独一蛇尚无栖身之处。"文公看罢,猛然醒悟道:"这是替介子推鸣不平。当初封赏的时候,我只顾忙于周王室的政争,忘记对他论功行赏了。"于是，马上派人召介子推入宫。可是使者到处访查不着，最后才知道介子推已与老母亲离开尘世，到山里隐居去了，便如实汇报文公。文公听罢，感到内疚，又传下旨意，希望介子推出山佐政，但是介子推坚决不肯再出来做官。文公无奈，只得将绵上山周围的土地封给介子推，作为他的封田，并改绵上山为介山，说这是为了反责自己的疏忽，也为了表扬贤人。介子推在这种隐居生活中度过了晚年。他那不慕权贵、功成身退的节操，不时地被后人赞叹。

此外，还有一些具有传奇色彩的传说。如说晋文公亲往绵山，访求介子推数日，竟得不到他的踪迹。于是，决定举火焚林，逼介子推出山。大火着了三天，方才熄灭，介子推宁死不出，最后被烧死在枯柳之下。因此，在许多剧种中，有《烧绵山》的剧目，以寄托对介子推的哀思和替他遭受不公正待遇而鸣不平。文公抚木哀悼，命人伐掉此树，制成木屐。以后，每当思念起介子推的功劳时，就凝视着这双木屐，说："足下，太对不起你了！"从此，"足下"一词就成了对人的尊称。

据说，寒食节也与介子推有关。介子推死后，晋文公下令禁止在介子推死日生火煮食，只吃凉食。当然，这些传说，虽无充足文献根据，但足以见介子推的高风亮节为后人所崇敬。

仁智节俭的晏婴

孔子曾说:"晏子谦逊有礼,机智奋勉,我愿以兄长事之。"司马迁写完晏婴传记之后也曾说:"假如晏子现在还活着,我愿意为他执鞭驾车。"晏子为什么竟使这两位伟人如此折服呢?

晏子名婴,字仲,莱州夷维(今山东高密)人,是春秋后期齐国有名的贤相,历事齐灵公、齐庄公、齐景公三朝。可谓是"三朝元老",德高望重。

当时的齐国,国势衰微,隐患重重,正处于风雨飘摇之中。外有强国的征伐,内有权臣的专权。同时,一股新兴势力正悄然滋长,觊觎着君位。晏子十分清楚这种情况,他要以自己的才智,力挽狂澜,安邦定国。所以,上演了一出出光辉灿烂的动人史剧。

晏子是一位出色的政治家,深知民心向背的重要性。为了和新兴势力田氏争取民众的支持,他在数十年的政治生涯中,始终关心着人民的疾苦,时时规劝齐王施惠于民。有一次，晏子陪齐景公出游，路上遇见一个八十五岁的老人，景公请老人为他祝寿。老人祝福了景公和景公的后代。景公要他再祝福一次，老人不高兴了，说道："希望君王您不要得罪小民。"景公听罢，高傲地说："从古至今，我只听说老百姓怕得罪国君，哪有国君怕得罪老百姓之说呢？"这时，晏子在旁边马上说道："景公，您错了！您得罪了老百姓，是没有人能制裁您。但您想想，夏朝的桀王和商朝的纣王这两个暴君，是不是被老百姓推翻的？"景公觉得有道理，于是向老人赔礼说："是我的不是。"并赐给老人一块土地。

有一年，阴雨绵绵，一连下了十七天，齐都附近老百姓的房子很多都倒塌了。许多人无家可归，饥寒交迫。晏子三次请求齐景公给老百姓发放粮食，景公就是不同意，依旧日夜饮酒作乐。晏子无奈，只得把自家的器具、粮食分给灾民，然后去见齐景公说："现在雨水成灾，老百姓无法再活下去了。可是您不去救济，还不分昼夜地饮酒作乐。您的狗、马吃着肉、粟，而老百姓不得糟糠，所以老百姓不愿意有您这样的国君。我身为国家大臣，既不能解民苦难，又不能劝止您贪恋酒色，我的罪过太大了。"于是请求辞职。景公尚未置可否，晏子已经走了。景公赶紧驾车去追。路上，他得知晏子把自己的东西分给了灾民，既惭愧又感动。当他追上晏子时，马上下车向晏子承认错误说："这是因为我的不对，才使您辞职。您不必与我计较，还应为国家、百姓着想。请您留下来吧！我愿意赈济灾民。"这样，晏子才返回朝中。随后，景公派出官吏，了解灾情，根据实际情况，发放了救灾物资。

为了惠民，晏子不失时机巧妙地向齐景公提出薄敛省刑的意见。有一天，景公与晏子登高远眺。看到壮丽的河山，景公感慨地说："能使我的后代世世拥有这个江山该多好啊！"晏子乘机谏道："只有勤于政务、处处利民的国君，百姓才会拥戴，子孙才能永保江山。您应该减免赋税和徭役。把一部分牛马、车舆、裘衣、酒肉、粮食分给穷苦的人民，您的政权才能稳固。"在晏子的建议下，景公果然减免了一部分地区的赋税和徭役。

还有一次，齐景公的一匹爱马忽然死了。景公下令要把养马人肢解处死。卫士持刀上前，正要行刑，晏子刚好在场，马上制止。然后问景公："尧、舜肢解人的时候，从哪里先下手？"景公惊慌地说："我是第一个肢解人的君王。"猛然觉得不对，但又不肯改口，就说："先把养马人关进牢狱。"晏子说："您这样处罚他，他还不知道犯了什么罪。现在我来说说他的罪过。"景公说："可以。"晏子向养马人说道："因为你没有把马养好，结果使得国君因为死了一匹马而去杀人。这件事让老百姓知道了，一定会说国君滥杀无辜，草菅人命。叫其他国家的君王知道了，一定看不起我们齐国。你非但把国君的马养死了，而且败坏了国君的声望。这还不是死罪吗？"景公明知晏子是在责备自己，就故意打了一个咳声，说："先生，您放了他吧！不要把我弄得太难堪了！"

景公要给晏子造一所新宅，晏子不肯，并且对景公说："我住在市场附近，每天到市场买东西很方便。"景公笑着问道："您亲自去市场购货。那么，您知道什么东西贵，什么东西贱吗？"晏子说："当然知道了，现在假脚上用的鞋子很贵，普通鞋子很贱。"因为当时景公滥施刑罚，动辄刖人之足，所以市场上有专门卖假脚及假脚所用的鞋子的。这就是"踊贵屦贱"的典故，用来形容统治者对人民极其残暴，刑罚重而滥，使断一足的人增多。景公听晏子这么一说，表情窘然，从此不再任意施用酷刑了。

不仅如此，晏子还非常廉洁俭朴，长期过着朴素的生活。一天，景公把平阴（今山东平阴东北）、堂邑

（今山东聊城西北）两地赐给晏子。这两个地方很富庶。晏子说什么也不接受。景公问道："难道您就不想富贵吗？"晏子回答道："我认为身为国家重臣，应该先为其国，后为其家。"景公又问："那么，我用什么赏赐给您呢？"晏子说："您下令减轻赋税，宽省刑罚，就是对我最好的赏赐。"

还有一天，齐景公正在饮酒。有一个名叫田桓子的大臣在旁陪侍，看见晏子身穿布衣，外披低级的鹿皮大衣，驾着敝车，驭着驽马，显得很寒酸，不符合晏子的身份，就对齐景公说："晏子这样打扮而行，是为了污辱您，请罚晏子酒。"景公让晏子坐下，准备罚他。晏子问明原因后，对景公说："我听说作为大臣，不顾国家民族的利益，中饱私囊，不能胜任其职，应该惩罚。我身为国相，若使百姓颠沛流离，国防不固，这是我的罪过。我驾驽马敝车有什么罪过呢？"齐景公听罢，赞赏不已。

更为可贵的是，有一次齐景公曾表示愿将一个年轻貌美的女儿嫁给晏子。晏子谢绝说："我和老妻生活很久了，感情也很好。她曾说过，不要因为她的年老丑陋而抛弃她，我答应了她的要求，因此，我不能背弃诺言，喜新厌旧。"最终也没有接受景公的恩赐。

正因为如此，晏子深受人民的爱戴，连暴虐的对手也不敢加害于他。公元前548年，齐庄公因为荒淫无道，被大臣崔杼杀死。晏子为尽君臣之义，前去哀祭，有人劝崔杼杀死晏子。崔杼说："他在老百姓心中很有声望，我不杀他，可以得民心。"庄公死后，崔杼立庄公之子为国君，即齐景公，从而独揽了大权。他强迫文武百官发誓服从他的命令，不宣誓者当场杀死。已有七人因不宣誓而丧生了。轮到晏子的时候，晏子仰天叹道："我坚决不帮助崔杼，我要帮助王室。"一时剑戟交胸，崔杼对晏子说："只要你改变刚才的话，我就与你共理齐国。否则，你马上成为刀下之鬼。"晏子毫不畏惧，厉声回道："丧失气节，贪图私利，不是我晏婴所干的事情，杀剐存留，任随你便。"崔杼迫于晏子的声誉，还是没敢杀害他。

晏子还是一位杰出的外交家。他不辱使命，应变机智，谈笑风生，挥洒自如。有一次晏子出使楚国，楚王想要耍笑晏子身材矮小，于是在大门旁开了个小门，请晏子进去。晏子不肯走小门，说："到了狗国，才走狗门。我现在出使楚国，不应该走狗门。"楚王只好请晏子从大门进去。之后，晏子拜见楚王，楚王问道："是因为齐国再也没有别人，才派您做使节吗？"晏子回答说:"仅我们国都临淄的人,举起袂袖就能蔽日,挥汗就能成雨,怎么能说没有人呢?"楚王又问:"既然如此,为什么派你这样的小个子当使臣呢?"晏婴答道:"齐国的使节,聪明能干者,被派到英明君王那里。愚蠢无能者,被派到昏庸君王那里。我是个最愚蠢、最无能的人,所以就被派到您这里来了。"楚王羞赧无言。

这次出使之后不久,晏子又要到楚国去,楚王还想与晏子再较量一下口舌,于是就设下了一个圈套,企图侮辱齐国。当楚王和晏子正在进餐的时候,两名士兵绑来一人见楚王。楚王问道:"绑者何人?为什么绑他?"士兵报告说:"是齐国人,因为他偷了东西。"楚王故意看着晏子说:"齐国人本来就很善于偷盗吗?"晏子说道:"我听说橘子生长在淮河以南,就是橘子;生长在淮北,就变成枳了。它们的枝叶看起来很相似,其实味道是不同的,味道相异是因为水土不同的缘故。人生长在齐国不偷东西,到了楚国就偷盗,不也是因为楚国的水土使人擅长偷窃吗?"楚王又一次败下阵来。

公元前 500 年,晏子病逝,齐国上下,失声痛哭。晏子的优秀品质和伟大精神将与日月同辉,彪炳史册。

卧薪尝胆的勾践

提起"卧薪尝胆"这个典故,我们炎黄子孙不仅马上就会联想到越王勾践,而且还知道它是用来形容不忘耻辱、立志雪恨的一个成语。那么,我们来讲一讲这则成语的来龙去脉。

越王勾践是春秋末年越国的国君。相传越王室是大禹的后代,因偏处东南,一直比较落后,传国二十余世,到了勾践的父亲允常统治的时候,国势才日渐强大。它的邻国吴国,此时由阖闾当政,也正处于昌盛时期。两国为了争霸,时常发生战争。

公元前506年,吴王阖闾率重兵攻入楚国的郢都。越王允常乘机发兵,偷袭了吴国,吴军大败。十年之后,阖闾乘允常新丧、儿子勾践初立之机,兴兵伐越复仇。两国战于槜李(今浙江嘉兴南),结果吴军又败,而且阖闾还受了重伤,当夜含恨死去。

阖闾的儿子夫差继承了王位,日夜操练人马,图报父仇。公元前494年，越王勾践不听大夫范蠡的劝告，企图先发制人，于是贸然兴师攻吴。夫差率领全国的精兵进行抵抗，双方战于夫椒山（今江苏苏州市吴中区西南）。这次越军遭到惨败。勾践只带着五千残军退到了会稽山上，被吴军包围起来。

面对国家将亡的危险，勾践悔恨万分。他决定承受任何耻辱、不惜一切代价和吴国讲和。于是派大夫文种到吴国进行谈判，同意自己向吴王称臣，妻子称妾，女儿献给吴王，大夫之女献给吴国大夫，士人之女献给吴国之士。同时，将金玉、宝器也献给吴国，并年年进贡。但是，这次求和因吴国大臣伍子胥的坚决反对而流产。勾践失去了信心，想要杀掉妻子，燔烧宝器，以死相拼，但被文种劝止了。后来，他们君臣决定用美女、宝器重贿吴王宠臣伯嚭，通过他来说服吴王。果然，吴王答应了。但和约的条件很苛刻，除了勾践自己提出的上述条件外，吴王还要求把越国国门的钥匙交给吴国，勾践作为人质扣于吴国。只有这样，越国才能保存。为了东山再起，勾践同意了这些条件。

会稽解围之后，勾践公开向越国人民承认自己的错误，说："我不自量力，发动了这场战争，使百姓暴尸原野，这是我的罪过。我对不起你们。"并表示了再造国家的决心。然后，他"葬死者，问伤者，养生者，吊有忧，贺有喜"，以此争取人民的谅解和支持。

回国后，勾践时刻不忘复仇，"苦身焦思"，躺在柴堆上睡觉，把苦胆吊在座旁，无论是坐着还是躺下，都要看一眼苦胆。饭前也要尝一口，然后自问道："你忘记会稽的耻辱了吗？"国内一切都安定下来之后，勾践带着妻子、范蠡等一百多人，到吴国做吴王的臣隶。在吴期间，勾践谨小慎微，忍辱侍候吴王。不仅为夫差牵马，甚至被要求尝试夫差的便溺以察其病情。这样在吴国拘禁了三年，终于赢得了吴王的信任，被放回越国。他采取了一系列的措施，励精图治，期望报仇雪恨。在政治上，他招贤任能，对前来投奔的四方之士，重礼相待。范蠡长于用兵，勾践委以兵权；文种善于治国，就让他负责内政。在经济上，勾践努力发展生产，开辟四野，充实仓廪，轻徭薄赋。在军事上，勾践积极备战，重建了陆军和水军，训练从严从难，实行赏罚制度，"赏厚而信，罚严而必"。在外交上，暗中与楚、晋、齐结盟，组成反吴的统一战线。除此之外，勾践还躬身参加生产，"非其身之所种则不食，非其夫人之所织则不衣"；并带头节俭，"食不加肉，衣不重采"。他尤其重视取得民心，"修令宽刑，施民所欲，去民所恶"，而且安富济贫，使贫富都得到好处。几年之后，越国又强盛起来。举国上下，团结一致，同仇敌忾，俟机洗雪会稽之耻。

公元前484年，吴军在艾陵（今山东莱芜东北）又大败齐军，夫差由此更加骄淫。生活上追求享乐，不顾人民疾苦。为了称霸中原，一意穷兵黩武。谋臣伍子胥多次直谏，告诫他越是吴的心腹之患，反被认为是妖言而遭赐死。宠臣伯嚭受贿阿谀，却受重用。吴国政治日益黑暗。

两年之后，夫差率全国军队北上黄池（今河南封丘西南），与晋国争霸。国内只有"老弱与太子留守"，勾践乘虚攻入吴国，烧毁了吴都姑苏城，缴获了王舟，俘虏了吴太子。夫差因在外日久，士卒疲惫，国内又仓廪空虚，于是决定献厚礼与越讲和。勾践估计暂时还没有能力灭掉吴国，就允许了吴国的求和。

公元前478年，勾践经过缜密的准备之后，终于发动了灭吴的战争。这场战争打得相当艰苦，前后达六年之久，最后终于将夫差逼上了姑苏山。夫差仿照当年勾践故事，使大夫公孙雄"肉袒膝行而前"，乞求勾践保存吴国。勾践想要答应吴国的请求，范蠡对勾践说："当年会稽遭祸，是上天把越赐给吴国的，吴国不要。现在上天把吴赐给越国，越可不能失去良机而不取呀！"勾践终于逼迫夫差自杀而死。这就是历史上所讲的越王勾践经过十年生聚，十年教训，凡二十余年图志恢复的故事。

勾践灭吴之后，乘晋、楚大国衰败之机，也北进中原，迫使齐、晋诸国会盟徐州，承认他的霸主地位，写下了春秋争霸战争的最后一页历史。

司马迁尊孔

司马迁是位尊孔者。他在《史记·太史公自序》中，把儒家学派的祖师孔子和儒家经典，特别是把孔子亲自整理和撰写的著述——《春秋》推崇到极高的地位。他视《春秋》为《史记》的先驱著作，并以《史记》来接续《春秋》的传统。他在《史记·太史公自序》中即曾借答壶遂①问来阐述《春秋》的意义。

司马迁在《史记·太史公自序》中，不仅用尽美好的词语来赞誉和肯定《春秋》本身，而且还特别强调，《春秋》是有国者、为人臣者、为人君父者和为人臣子者所必读的"礼义之大宗"。《史记·太史公自序》中还写了一段司马迁不以壶遂拟《史记》于《春秋》为然的话。这固然有司马迁担心涉"显非当世"之嫌的顾虑。但中心窃喜，居然有人评价《史记》是继《春秋》之后的一大著作。

---

① 西汉术士，梁（今河南商丘）人，参与改造《太初历》。——编者按

司马迁在《史记·十二诸侯年表》序中，更详尽地阐述了《春秋》的著述缘起和意义。同时又具体地论列了《春秋》的余响及传统。如书则有《左氏春秋》、《铎氏微》、《虞氏春秋》以至《吕氏春秋》，人则荀卿、孟子、公孙固、韩非以至张苍、董仲舒都是《春秋》的绪余和受教者。至于司马迁本人，在另一处也明确说"余读《春秋》古文，乃知中国之虞与荆蛮、勾吴，兄弟也"。

《史记》尊重孔子与儒家学派，可以说是同时代著作中的突出代表。清人王应奎曾揭其事，认为《史记》列孔子为世家，"所以存不朽之统也"。即其"著书本旨，无处不以孔子为归"。所以他认为："汉四百年间，尊孔子者无如子长……子长之功岂在董子下哉！"实际上把司马迁推至可与董仲舒并列为尊儒术的功臣地位。

从《史记》全书观之，的确如此。他所确定的"究天人之际，穷古今之变"的编撰原则，应认作是从儒家经典中"长于变"的《易》和"长于治人"的《春秋》中得到启示而来的。史记的史源是多方面的，资料搜集相当丰富。但其去取标准就是"夫学者载籍既博，犹考信于六艺"（《史记·伯夷列传》），意即以儒家经典为一归和取材标准。

《史记》的体例安排，是实现"寓论断于叙事"的一种手段。世家一体本用以记封国诸侯，而孔子以无封邑、无卿士、无甲兵、无号令的一介之儒，而居然跻身于世家之列者，乃是孔子以"布衣传十余世，学者宗之。自天子王侯，中国言六艺者宗于夫子。可谓至圣，故为世家"。这是将孔子置于学术王国的"素王"地位。

在篇目结构上，世家以吴为首，列传以伯夷为首，都是以孔子之是为是的。《吴世家》的论赞中说，吴太伯是被孔子称为"至德"的人。而《伯夷列传》中则在传首即标举出："孔子序列古之仁圣贤人，如吴太伯、伯夷之伦，详矣！"这就是篇目次序安排的主要依据。

在人物立传上，对儒家学派也着墨较多。除《孔子世家》作为主篇，论列宗师行事外，《儒林列传》、《仲尼弟子列传》是儒家学派的群体传记，《孟荀列传》则是儒家学派嫡系传人的合传。

《史记》中对孔子的推崇，可谓已达顶峰。《孔子世家》通篇文字，着力勾画了孔子尽美尽善的形象。无论道德、学问，还是政事、人伦，都已臻无与伦比的高度。在篇末表达史家论断时，不仅对这位"至圣"是"高山仰止，景行行止"，而且还吐露了"虽不能至，然心向往之"的仰慕之情。在《儒林列传》中不仅描写孔子是"论次诗书，修起礼乐"和"因史记作《春秋》，以当王法"的学术至圣,而且还在身后有重要的政治影响和社会影响。以孔子为首的儒家学派,几乎成为当时及稍后的强力集团了。《史记》不仅在《孔子世家》中全面地论列孔子的生平,而且还在若干本纪、世家中记述孔子的生平行踪,以表示孔子的地位和作用。这在史记中是一特例。

《史记》对人物的评论,也多以孔子的评论为依据。它在《仲尼弟子列传》中,对颜回等二十八位弟子,都逐一引述孔子的评语为评语。除此传集中论述外,其他一些世家、列传中,也有类似的论述方式。司马迁不仅对汉以前的王侯评论以孔子评论为标准,其对汉朝诸帝的评论,也以是否尊儒为依归。汉高祖是汉朝的开国之君,司马迁对其功业有所称颂,立陈涉为世家也是体现汉高祖意志,唯独对高祖鄙视儒者颇致微词。《张丞相列传》及《郦生陆贾列传》中都着意刻画高祖倨傲卑儒的劣行。司马迁与武帝有严重的矛盾但却肯定了武帝的尊儒。

司马迁自称接受了儒家传统,曾自述儒家的传统是"周公卒五百岁而有孔子",而孔子卒后至于今五百年,"有能绍明世,正《易》传,继《春秋》,本《诗》、《书》、《礼》、《乐》之际"的人吗?虽然没有明指,但

"小子何敢让焉"一语,已俨然以道统所在自任。事实上,司马迁也确实是精研儒学的大家。他十岁就诵古文《尚书》,成年以后,又亲赴齐、鲁,"观孔子之遗风,乡射邹、峄",去感受儒家学风。易学是儒家学派中"长于变"而难于掌握的学问,而司马迁却是师承有自的。其父司马谈是直接受《易》于杨何①的。司马迁秉承家学,一脉相传。亦可见其尊孔是渊源有自的。

---

① 西汉淄川人,字叔元,受《易》于田何,著有《易传杨氏》,今佚。——编者按

坚贞不屈的苏武

在我们中华民族的历史上,有多少华夏儿女临大节而不辱,虽历经磨难,但始终坚贞不渝,受到后人的怀念和崇敬。苏武就是其中之一。

苏武字子卿,杜陵(今陕西西安市东南)人。父亲苏建,是汉初和匈奴作战的名将,封为平陵侯。苏武青年的时候做过侍卫皇帝的郎官,后做了管理皇宫马厩的官员。

那时,中国北方有一个叫匈奴的民族,经常南下骚扰,抢劫粮食、家畜,并掠夺汉民充当他们的奴隶。汉武帝执政后,随着国家的日益强盛,便开始了扫除匈奴的战争。从元光二年(前133)起,烽鼓不息,前后达二十余年。这期间,双方也互派过使者寻求和好,但由于双方统治者的猜疑,使者往往作为人质而被扣留。

武帝天汉元年(前100),刚刚当上匈奴族最高首领的且鞮侯单于,害怕汉军攻打他,便自称是汉天子的晚辈，并把以前扣留、不肯投降的汉朝使者主动送回。武帝为了答谢他的好意，便决定派遣一个以苏武为首的使节团，携带厚礼，护送在汉的匈奴使者回国。此次出使匈奴，苏武是以中郎将身份、手持武帝亲授的节杖前往的。随同的有副使张胜、随员常惠等一百多人。

到达匈奴后，苏武向且鞮侯单于转达了汉武帝的谢意。且鞮侯单于误认为汉朝软弱，收下礼物，马上改变了态度，对苏武等人狂妄骄横起来。苏武等人见此，便准备早早返国。就在使节团即将回国的时候，一件意外的事情发生了。

匈奴有个缑王，曾归降过汉朝，后来，随汉军出击匈奴，兵败又降匈奴，但他仍愿归汉。另有一个叫卫律的人，他是个少数民族，生长在汉，曾作为使者，出使过匈奴。他的朋友、汉武帝的宠臣李延军败亡后，卫律害怕受到株连，就投降了匈奴，单于封他为丁令王。他是个很效忠匈奴的人，所以汉武帝非常恨他。缑王找到一个名叫虞常的汉人，策划杀死卫律并劫持且鞮侯单于的母亲归汉。恰巧此时苏武一行来到匈奴。虞常和张胜很熟，私下里就把此事告诉了张胜，并让张胜支援他，张胜答应了。这天，且鞮侯单于率大队人马外出狩猎，家里只剩少数护卫人员。虞常等七十多人便准备动手。不料,事情暴露,且鞮侯单于调兵与虞常等人激战。结果,缑王等人全部战死,虞常被活捉了。

且鞮侯单于派卫律查办此事。张胜听说后,担心他和虞常的密谈被查出来,只好把事情详告了苏武。苏武听罢,马上意识到此事定会牵连自己,为了不失汉朝的尊严,他要自杀。张胜、常惠力劝方止。审讯中,虞常果然招出了张胜。且鞮侯单于得知后大怒,要把汉使全部杀掉,后经一位官员建议,他才改变了主意,决定迫使苏武等人投降。卫律来了,苏武当着他的面,对常惠等人说:"丧失气节,辱没使命,即使活着,有什么面目回汉!"说罢,便拔刀自刎。卫律大惊,急忙抱住苏武,并派人飞驰叫来医生抢救。苏武宁死不屈的气节,使单于大为感动,下令仔细护理苏武。

苏武伤愈后,单于先是派人劝降,被苏武拒绝,接着又用死来威胁。卫律当着苏武的面,挥剑斩了虞常,然后说:"张胜参与谋杀单于的近臣,也处死刑。所有愿归降单于的汉使,皆可免除罪刑。"说完,举剑朝张胜砍去,张胜吓得跪地乞降。卫律转身对苏武说:"副使有罪,你应连坐。"苏武说:"我根本不知道此事,又和张胜不是亲戚,怎么能讲连坐呢?"卫律被问得哑口无言,可他还想试探一下苏武，于是举剑朝苏武砍来。苏武岿然不动，视死如归。卫律见此，只好把剑收起来，转而又以富贵诱惑苏武，他无耻地说："苏君，我卫律叛汉归降，加官晋爵，拥众数万，牲畜遍野，多么富有。如果你归降了单于，也会像我一样的。"苏武毫不动心，他继续说："你如果听我劝告，我愿和你结为兄弟。如若不然，后悔莫及。"听到这里，苏武怒骂道："不知羞耻的东西，谁愿和你这样的民族败类结为兄弟。现在，你操着生杀的大权，究竟怎样处置我，全由你决定。不过，我最后警告你，我决不会归降你们的。如果你杀了我，匈奴离灭亡的日子也就不远了。"

卫律黔驴技穷，只得如实向单于报告。单于听后，决定折磨苏武，使他屈服。单于把苏武放在一个地窖中，断绝饮食。时值数九寒天，天降大雪，苏武躺在地窖里，用雪和着毡毛，吞咽充饥。过了几天，匈奴人发现苏武还活着，以为有神灵在保佑他，便不敢继续加害了。于是，把他流放到北海（今俄罗斯境内贝加尔湖地区）去放牧，告诉他公羊生了小羊，他就可以回国了。同时，把他的随从人员分别关押在其他地方。那时的北海，积雪长年不化，荒无人烟，环境非常恶劣。尽管如此，苏武始终保持着民族的气节，他身着汉服、手持汉节放羊。夜晚也挟着它睡觉。年复一年，日复一日，汉节上用牦牛尾编的装饰物都已脱落了。他坚信，终有一天能回到自己的祖国。

就这样，苏武在那里度过了八九个春秋。这期间，且鞮侯单于于武帝太始元年（前96）死了，他的儿子狐鹿姑即位为单于，仍然没有忘记劝降苏武。

有一天，苏武在汉朝的好朋友李陵突然来到北海，热情款待苏武。李陵是汉朝的名将，在苏武被扣的第二年与匈奴作战，兵败归降。他知道苏武忠贞不渝，被匈奴羁留，自觉惭愧，一直不敢来见苏武。此次之行，已是他归降匈奴很久之后了。席间，他劝苏武说："单于听说我和你交情很好，所以让我来劝劝你。你最终也不能返汉，何必在此受苦呢？你尽忠报国，明耻守节，可武帝非常寡恩。以前你的哥哥和弟弟都因一点儿小事而被迫自杀。我来匈奴时，你的母亲已病故，妻子也改嫁了，只剩下你的两个妹妹和两个女儿、一个儿子，现在隔绝了十多年，生死不明。"苏武听到这里，泪如泉涌，心如刀割。李陵继续说："人生就如同早晨的露水，转瞬即逝。哪样不是活着，你这样做又何苦呢？我刚降匈奴的时候，也很痛苦。想想武帝法令无常，独断专行，动辄受咎，哪还值得为他卖命？希望你能听从我的劝告。"

李陵的这番话，既有人情味又很实际，的确能够打动人心。这对苏武来说是一次多么严峻的考验呀！苏武为了民族的利益、国家的尊严，宁为玉碎，不为瓦全。他斩钉截铁地回答道："作为朋友，你既然谈这个问题，我就实话相告：我身为使臣，代表国家，无论遇到什么样的情况，都得对得起祖国。武帝待我恩重如山，我无法报效。现在有了这个机会，我就是挨刀斧、下油锅，也心甘情愿，决不投降。请你不要再劝我了。"李陵见苏武如此坚定，只好作罢。

临别的时候，李陵又一次劝苏武投降，同样遭到坚决的拒绝。李陵羞愧不堪，和苏武洒泪而别。

后元二年（前87）汉武帝病死，李陵把这个消息告诉了苏武。苏武面朝南方，号啕痛哭。由于悲伤过度，口吐鲜血。以后，他按照汉朝的丧礼，早晚哭泣，以示哀祭。

几个月后，汉昭帝即位。隔了两年，狐鹿姑单于也死了，他的儿子壶衍鞮登基。又过了几年，匈奴与汉朝和好了，汉派使者寻求苏武等人的下落。壶衍鞮单于诡称苏武已死。后来，汉朝又派使者访问匈奴，常惠听说后，说服了看守他的人员，夜见汉使，把苏武的情况详述了一遍。并安排汉使见单于时，说汉天子在苑囿狩猎，射得一雁，雁足上系有一信，信中说苏武依然活着，正在某一泽中。使者按照常惠的话，去诘问单于。单于惊得目瞪口呆。只好向汉使道歉，说苏武确实还活着。于是，召集苏武的随从人员。除投降和死去的以外，和苏武返回汉朝的仅剩下九人了。

昭帝始元六年（前81）的春天，苏武终于回到了阔别十九年的京城——长安，艰苦的岁月染白了他的须发。

后来，他做了主管边疆各族事务的典属国官。宣帝时封为关内侯，在朝廷中给予特殊的礼遇。神爵二年（前60年），苏武病逝，终年八十余岁。

"强项令"董宣

我国东汉初年,有一个名叫董宣的官吏,为官期间,刚正清廉,不畏权贵。他勇斗湖阳公主的事迹曾广为流传,今天还被编成戏曲在舞台上表演。

董宣,字少平,陈留圉(今河南杞县西南)人,生卒年不详。汉光武帝建武五年(29),被人们赞誉为"明察守正,奉公不回"的侯霸担任了大司徒这一要职。侯霸对董宣早有耳闻,所以上任不久,就聘请他为属吏。从此,董宣步入了仕途。

此时,东汉境内还没有统一安定,如西北有隗嚣割据,西部有公孙述称雄,其他地方也时常出现叛乱的情况。而且自西汉中期以后所形成的地方豪强势力,到了东汉更进一步膨胀。他们占有大片土地,聚族而居,组织私人武装,横行乡里。在这种形势之下,董宣升任了北海(今山东境内)的地方长官。他到任不久,恰恰遇上了一桩豪强滥杀无辜的人命案。

原来有一个名叫公孙丹的人，他家是当地的望族大姓。董宣为了让他辅佐自己维持好当地的秩序，就让他做了自己的侍从官五官掾。公孙丹平时就很骄横，这时又得到了新上任长官的青睐，好不狂妄，真是不可一世了。他要新建一所住宅，动工前请了一位占卜先生，算算场地选得如何。这位占卜先生算后说，此地当有死者。公孙丹听后，害怕此卦应在自家身上，于是就让他的儿子大白天杀了一个过路的人。然后"置尸舍内"，以此来消除自家的灾祸。董宣听说此事，勃然大怒，即刻派人捉拿了公孙丹父子，并把他们处死了。这下子可触怒了这股豪强，于是公孙丹的宗族和党羽三十多人，居然各执兵器，气势汹汹到董宣府前"称冤叫号"，肆意滋事。为了打击这股势力，以儆他人，董宣果断地将他们全部拿下，并派助手水丘岑把闹事者全部杀死。

这件事很快传扬开来，负责监察北海地区的青州刺史认为董宣杀人过滥，于是上奏了朝廷，并将水丘岑下狱拷问。董宣被召到负责刑狱的廷尉处受审，并被关入狱中。他在狱中早晚讽诵诗书，毫无忧虑的神色。不久，董宣被判死罪。当解送他去刑场时，一些官员为他准备了一顿佳肴。他厉声说道："我董宣平时从未占过别人的便宜，更何况临死之时！"说罢，昂然登上囚车离去。当刀斧手正要行刑时，恰巧光武帝的使者赶到，宣布有诏特赦董宣的死罪，让他暂且返回狱中。董宣回狱后，刘秀派人诘问他为何多杀无辜，董宣把实情详述了一遍。并说水丘岑是执行他的命令，并没有罪。表示自己愿意受刑而赦免水丘岑。使者将此事原委汇报给了刘秀。刘秀听后，下诏免去董宣的死刑，贬他到怀县（今河南武陟西南）做县令，并让青州刺史不要再追究水丘岑的责任了。

后来，董宣又改任江夏郡（今湖北云梦）的太守。当时担任此郡都尉（负责军事）的官员，是刘秀宠爱的皇后阴丽华的亲戚。董宣不愿意曲意逢迎他，不久被免去了职务。但是，他那倔强正直的品格，已在朝廷内外，为人共知。

建武十九年（43），他已是年近七旬的老人了。这时，东汉政府准备安排一个人，担任首都洛阳的地方长官。选谁呢？刘秀思来想去，最后选中了董宣。这个职务确实不容易当好，因为洛阳是东汉王朝的都城，这里居住着一大批皇亲国戚、达官贵人。这些人依仗特权，目无法度，为所欲为。董宣作为该地长官，面前摆着两条道路，不是趋炎附势，就是刚正不阿，二者必居其一。他没有改变自己的性格和操守，毅然选择了后者。

有一天，光武帝刘秀的姐姐湖阳公主的一个家奴，仗着主人的势力，竟在光天化日之下杀死了一个人，然后躲藏在公主的家中，妄图逍遥法外。这事被董宣知道后，派人日夜守候在公主家门前，伺机将这个杀人犯捉拿归案。这天，董宣得到报告说，公主驾车外出，由该奴陪乘，董宣立即带人等候在他们必经的夏门亭（在洛阳城北）。当公主的马车到来时，董宣让车停下，勒住马的缰绳，用刀指着他，大声责备公主藏匿罪犯的过失，并呵叱家奴下了车，立即处死了他。湖阳公主感到大丢面子，又羞又怒，急匆匆奔进宫中，向刘秀哭诉此事。刘秀听罢大怒，立即召见了董宣，准备把他棰杀。董宣毫不畏惧，要求讲句话后再死。

刘秀怒气冲冲地质问道："你还想说什么？"

董宣便在朝堂上慷慨陈词："幸亏您有大德，才使国家重新兴旺起来。现在您却纵容奴仆杀害良民。这样做，您拿什么治理天下呢？我也不要您棰杀，自己死就是了。"说罢，一头朝宫廷中的柱子上撞去，顿时，血流满面。刘秀认为他说的有道理。又见他如此刚烈，赶忙叫宫人抱住他，以免他再撞。但又得给湖阳公主一个面子，于是刘秀就让董宣给公主叩头道歉。董宣认为自己没错，不肯叩头。刘秀让人强行去按他的头。董宣双手据地，硬挺着脖子，就是不从。这时湖阳公主还在一旁愤愤不平地说道："你刘秀当初做老百姓时，经常藏匿一些逃犯，连杀人犯也敢收留在家里，官吏不敢到门上搜查。现在当了皇帝，难道你的威严都不能命令一个小小的县令吗？"

刘秀笑着解释说："如今当了皇帝，考虑事情就不能与做老百姓时相同了。"

就这样，刘秀让这位不屈的"强项令"起来，并赏赐了他一顿饭。董宣吃罢，将饭碗菜盘反扣在桌子上。主管人向刘秀报告了他的举动。刘秀问董宣为什么要这样做。董宣回答说："我吃饭不敢有剩余，就像我任职不敢不尽全力那样。"刘秀听后，很满意这位尽职尽责的洛阳令，便赐予他三十万钱。董宣却把这些钱全分给了手下的官吏。

从此以后，他执法更严，对于为非作歹的豪强恶霸，给予狠狠的打击。豪强们听到他的名字，没有不害怕的。首都的老百姓给他起了个"卧虎"的绰号，并编了首歌赞扬道"枹鼓不鸣董少平"，意思是说由于他认真纠察违法，秉公办事，洛阳一带政治清明，社会安定，已经没有老百姓到衙门击鼓告状了。

董宣担任洛阳县令共五年,七十四岁死于任上。刘秀派人前去吊丧。使者但见这位洛阳令身上盖着一条布被。没有隆重的丧礼,只有老妻和儿子相对而泣。家中也只有数斛大麦和一辆破车。刘秀听使者讲述后,非常伤感地说:"董宣廉洁,死乃知之。"从此,"强项令"的美称一直流传后世。

蔡伦"造"纸

蔡伦造纸,久传于世。我从童年时就听家人讲过蔡伦的故事。后来又读过一些文献,对他的事迹略有了解。蔡伦的生年不详,卒于东汉安帝永宁二年(121),字敬仲,桂阳郡(治所在今湖南郴州[①]市)人。他在东汉明帝永平末年开始在洛阳宫内当差。章帝建初中曾任小黄门近十年。和帝永元初年(89),任中常侍,参与决断国家的机密大事。后加尚书令。永元九年(97),监管制造御器物。其所制作,"莫不精工紧密,为后世法"。安帝元初元年(114),邓太后"以伦久宿卫,封龙亭侯(邑地在今陕西洋县)",所以被称为蔡侯。永宁二年(121)因卷入宫廷矛盾而自杀。

蔡伦在宫中数十年,历事五朝,对工作谨慎负责,又很有才学,对中国的造纸事业曾起过重要作用。"蔡伦造纸"是相沿已久的传统说法。过去民间的启蒙读物

---

① 一说耒阳。——编者按

《幼学琼林》中就说:"纸乃蔡伦所为。"这个传之既远且广的说法,当始于《后汉书》卷七十八《蔡伦传》。《蔡伦传》说:

> 自古书契多编以竹简,其用缣帛者谓之为纸。缣贵而简重,并不便于人。伦乃造意,用树肤、麻头及敝布、渔网以为纸。元兴元年奏上之,帝善其能,自是莫不从用焉,故天下称蔡侯纸。

史传中所说的"造意",被后人理解为创造,所以就有了"蔡伦造纸"的说法。只是这个相当流行的说法,并不十分准确。一是在蔡伦"造意"之前,就有用麻类或丝类原料所造的纸。尽管这些纸难以用来写字,但至少是纸的雏形。蔡伦的"造意"应是改进选料,建立造纸术的工艺流程,是造纸术的改进,而不是纸的创造。二是《后汉书·蔡伦传》的史料根据是《东观汉记》。《东观汉记》的记载是这样的:"黄门蔡伦,典作尚方作纸。"尚方是一种官职,指少府(掌管山海池泽收入并皇宫手工业制造的官)所属的尚书令。这个职位负责监制宝剑及各种器械,并且主管纸笔墨等用品。典是主管的意思。《东观汉记》的这段话是说蔡伦曾任尚书令，主管造纸工作。由于他是主管官员，所以尚方所造的纸被称为"蔡侯纸"。

尽管对蔡伦造纸有着不同的看法和评价，但至少有两点应该肯定：

一是他发现了新的造纸原料，即在原先用麻类纤维造麻纸外，又用树皮作为原料造谷纸，用旧渔网作为原料造网纸。二是他改进和推广了新的造纸技术，总结了剥皮、沤烂、熏蒸、舂捣和漂白等一套新工艺。这些改革为中国的造纸工艺开辟了广阔的道路。蔡伦在扩大造纸原料，改进造纸技术方面的功绩是值得后世肯定的，所以蔡伦应被尊为造纸术的发明者。这项发明列入中国四大发明是有事实根据的，不是某些人所能抹杀的。后来纸的广泛使用对保存和传递中华文化甚至世界文化，确实起到了极为重要的作用。

昏夜拒金的杨震

东汉安帝延光三年（124）三月，虽已是春天，但春天的迹象一点儿也没有，天气依然很冷。

二十九日这天，淫雨霏霏，使人有些郁悒。洛阳城西的一条路上，缓行着一辆牛车，车上端坐着一位七十多岁的老人，周围是他的几个儿子和学生。他就是刚被汉安帝罢官、遣归家乡的杨震。此时，他心潮澎湃，思绪万千。当车子行进到了几阳亭的时候，他再也不肯走了，似乎久思之后做出了重大决定。孩子们和学生都围拢过来，杨震慷慨地对他们说："人固有一死。我后悔身居高官时，未能为国家尽除奸臣，禁绝女乱。我还有什么面目活在世上。我死之后，用杂木造棺，布单盖体，不起坟墓，不设祭祠。"说罢，将一杯鸩酒一饮而尽，顿时气绝身亡。人们听说杨震死了，无比悲伤，都说天下又少了一个好人。

杨震字伯起，弘农华阴（今陕西华阴）人。高祖杨敞，汉昭帝时为丞相。父亲杨宝，是位学者。杨震少年丧父，家境贫寒，与老母相依为命。他很好学，拜经学家桓郁为师，遂明经博览，无不穷究，学者都称他是"关西的孔子"。他曾和母亲客居在湖城县（今山西芮城南）达二十余年，躬耕教书，维持生活。当地官吏听说他很有学问，又孝敬，就征他做官，他不肯去。后来他年事已高，人家都说他没有什么前途了，可他的志向更加坚定。

五十岁那年，他才在州郡开始供职。大将军邓骘听说他很贤德，就推举他当了茂才。此后他青云直上，直至当上了东莱郡（今山东北胶河以东、岠嵎山以北地区）的郡守。在他赴任途经昌邑县（今山东巨野南部）时，遇到了被他举荐过的茂才王密。此时，王密是昌邑县的县令。夜阑人静时，王密怀揣钱财重礼，前去馈赠杨震。杨震问道："我了解你的为人，你怎么不知道我的性格呢？"王密说："深夜没人知道此事。"杨震说："天知，神知，我知，你知，怎么能说没人知道！"王密惭愧地把钱拿走了。后来，杨震又做了涿郡（今河北大部分地区）的郡守。

当时贪污成风，贿赂公行，但杨震始终洁身守道，并努力清除这种恶习。他每月俸禄一百二十斛的粮食，出入乘车，可他决不允许子孙们享用。有些老朋友见杨震如此廉正，就劝他说："你既然不让孩子们沾光，那就让他们利用你的权力开办些产业，也好日后受用。"他坚决不肯，说："后人称他们是廉洁官吏的子孙，这份产业比什么都丰厚。"

由于他有这样的品格，所以受到了当时执政的邓太后的器重，在元初四年（117）把他征入京师，任命他为掌管宫廷车马及牧畜事宜的太仆官。不久又转为掌管国家礼乐郊庙社稷的太常官，这是一个很重要的职务，是中央的九卿之一。永宁元年（120），他当上了司徒，成为百官之首。从此，他决心尽瘁国事，凡有益于国家兴旺的事情，他竭力推行；凡有损于国家事业的弊政，他拼命革除。由此成为正直人的领袖，邪恶人的靶子。

邓太后死后，权归安帝。一些内宠之人开始横行妄为，其中以安帝的乳母王圣为代表。王圣有一个叫伯荣的女儿。依仗母亲与安帝的特殊关系，在宫廷中传递关节，招权纳贿。杨震知道后，马上向安帝奏报此事，希望安帝迅速将王圣迁出宫中，禁止伯荣入宫。安帝非但没有采纳杨震的建议，反而把他的奏折让王圣等人看。由此，这些内幸之人全都非常忌恨杨震。安帝既然不管，王圣等人也就更加肆无忌惮了。伯荣不仅随意出入宫廷，而且骄淫更甚，和皇亲刘瑰勾搭上之后，安帝冲着王圣的情面，给刘瑰加官封侯。杨震对此深恶痛绝，当着满朝文武官员上疏说："刘瑰无功封侯，违背祖训，人们不满。陛下应该慎思而行。"安帝看也没看就放到了一旁。

延光二年（123），杨震由司徒改为太尉，负责军务。此时，朝廷中的官员大搞裙带关系，并且把亲信安插在各个衙署。有的要员受贿后，举荐了一些无赖到各地任职。杨震对此极为痛恨。一天，安帝的舅舅耿宝向杨震推荐宦官李闰的哥哥，要杨震给安排个职务，杨震没有答应。耿宝就亲见杨震说："你知道皇帝很重视李闰，想让你征他的哥哥当官。我这不过是传达皇上的意思罢了。"杨震说："如果真是朝廷想召他为官，就应该有尚书台的敕令。"遂表示坚决不同意。耿宝恼恨离去。几天之后，阎皇后的哥哥阎显也要杨震给自己的一个亲信安排职务，杨震又没答应。可这二人通过其他渠道，最终被任用了。而怨恨杨震的人越来越多。

这天，安帝下诏，要为王圣建造一所富丽的住宅。一伙阿谀之徒如宦官樊丰、侍中周广、谢恽等，竭力鼓噪，齐呼该建。刚正的杨震上疏反对说："现在灾害不断，国家财政匮乏，修此奢华住宅，定当耗费巨资。樊丰、谢恽等人内外勾结，对地方敲诈勒索，人们极为不满，全说国家钱财都装入了朝廷大员的腰包，因此怨恨国家。希望陛下抛弃骄奢，铲除奸佞，勤于政事。"安帝置若罔闻，樊丰等人胆子更大了。居然伪造诏书，调拨了国家的钱粮和建筑材料，为自己建造房屋、园池、庐观，耗资无数。

不久，又发生了这样一件事：有一个叫赵腾的老百姓到宫中上书，批评时政。安帝大怒，以"欺慢皇帝、大逆不道"的罪名将其判处死刑。杨震上书解救，说："尧舜之世，在朝堂上设置谏鼓谤木，使人进谏。商、周之时，派官员到民间采集怨言，以知得失。今赵腾进言，虽语词过激，但与谋杀不同。希望饶他性命，也好让百姓敢于讲话。"安帝看也没看，就把赵腾杀了。

延光三年（124）三月，安帝东巡泰山。杨震属吏高舒查出了樊丰等人伪造诏书的事情，准备安帝回来时报告。樊丰等人知道后惶恐不安，马上联络了一些恨杨震的人，采用恶人先告状的手段，向安帝报告说："杨震对陛下处理赵腾一事极为不满。他是邓太后的人，邓家败后，他对您怨恨在心。"昏庸的汉安帝回京后，连夜收缴了杨震的太尉印绶。杨震平时为公而得罪的那些人，一窝蜂似地报复杨震，共同推请耿宝上奏安帝说："杨震不服，心怀忿恚。"安帝于是下诏放逐杨震。这位忠于职守、廉洁刚正的老人，就这样被罢免放逐了。

顺帝时，杨震被平反昭雪，以隆重的礼仪改葬在华阴潼亭。人们树碑立祠，年年祭奠。

给曹操"洗脸"

曹操是一个妇孺皆知的历史人物。由于《三国演义》和三国戏的普及,曹操被塑造成"奸雄"的形象,按民间的简单是非标准而被划入"坏人"之列。

三十多年前,学术界曾展开过对历史人物评价问题的讨论,曹操是引人注目者之一。当时有名噪一时的两位大家站出来表过态。一位是史学家兼文学家的郭沫若,他亲自动手,写了一出《蔡文姬》,创造了一个新曹操。把曹操拔得很高。且不管他是否还历史本来面目,因为这是文艺创作。另一位名家翦伯赞,则完全以史学家身份立言,提出为曹操恢复名誉的口号,主张为曹操"洗脸"。两位大师都从善良愿望出发,希望有一个"真曹操"。但又各有不足之处。郭沫若给了曹操许多新任务表现自己。在艺术上完全允许作者根据历史和传说,通过想象和判断,去安排情节和创造人物。可以把曹操塑造成了不起的英雄形象,去争取和说服观众,但并不能立即把曹操的白脸洗掉或是另涂脸谱。至于史家评论是对人物功过是非的千古论定，很难用以代替和改变一个传之久远的艺术形象。特别是像曹操这样一个在广大读者中久已定型的人物。因为许多三国剧目靠他展示矛盾冲突，一旦有所变动，观众的爱憎情感或可逐渐改变，可是大批三国剧目将无法上演。至少有大部分需要从头改编，丢掉了原汁原味，几乎等于新编。承认历史上有个有功有过的"好"曹操和允许戏剧中有"奸"曹操的存在是完全可以并行的。

我参加了当年那次讨论，发表过这样的意见：第一，曹操的脸谱似乎不一定改变。脸谱固然能代表人物的性格，但主要为了夸张人物使观众便于识别。人物性格除脸谱外，更重要的思想内容需要唱念做打来表达。蒋干和张文远都是鼻梁上一块豆腐干。但通过表演，一个被观众认为是迂腐书生而感到可笑，另一个则被认为是可恶淫棍而感到可耻。第二，对于曹操传统形象的改动，不要仅着眼于"洗脸"，而是要从情节和语言、表演等方面去提高他。在传统剧目《长坂坡》中有几场写得不错的戏，虽然笔墨不多，却使曹操那种志得意满和仓皇奔逃的形象很调和地并存于剧中，使观众看到曹操在这次战役中是一个失败的胜利者而刘备则是胜利的失败者。两种情况（曹操的追击和刘备的败逃）得出一个结局（曹操被吓退，张飞拆桥后，事实上也是后退，都是离开当阳桥，背道而退）。一个结局却又博得两种反应（观众嗤笑曹操的逃退，钦佩张飞的撤退）。这是《长坂坡》的精彩之笔。如果把曹操的白脸洗掉，以"好人"面目出现，那么，舞台上的对立面和人物形象就要重新处理。所以"洗脸"之举，不能简单从事。

二十多年前，在评法批儒的一折中，曹操得到脱胎换骨的改造，成为法家新人。不仅洗了脸，还换了衣服。那些人尽力创造一个穿干部服的当代曹操，给他一把贴有法家标签的椅子，和一直被人们共识为忠君报国的诸葛亮并排坐在一起。还出版过一本《曹操诸葛亮著作选注》及类似的作品。《蔡文姬》中的曹操也一度走红。可悲的是没有被群众所接受，法家新人曹操也像他的创造者们那样，昙花一现地被人们逐渐淡忘。

近年来推出的电视剧《三国演义》似乎没有引起太多的"洗脸"波澜。读到的几篇文章中，郭宏安的《曹操的面目》倒是一篇意在笔外的好随笔。他也不主张为艺术形象的曹操"洗脸"，认为"文学艺术上的曹操已经成为一个典型，奸雄的典型。大可不必为他的'白脸'耿耿于怀，弄得好像侵犯了曹操的名誉权似的"。

因为作为艺术形象,"曹操没有本来面目,只有作家和读者共同创造出来的面目"。善哉斯言!我不仅不赞成为曹操"洗脸",也不赞成为舞台上任何形象"洗脸"。因为只有这样才能忠奸善恶,泾渭分明,给世人以教育。但愿有高超技能的美容师能给尘世间的众生都恰如其分地涂抹上不同的脸谱,免得让那些面目娟秀而心如蛇蝎,或面带忠厚而心存奸诈之流,欺诓别人和暗中捅人一刀子。

知耻自新的周处

《左传》中说过:"人谁无过,过而能改,善莫大焉。"明朝的思想家王守仁也讲过:"人不贵于无过,而贵于能改过。"人们为什么把改过自新看作是极为可贵的品质呢?因为改过是需要勇气的。西晋的周处是一个勇于改过的人。所以,至今还流传着关于他的佳话。

周处字子隐,义兴阳羡(今江苏宜兴南)人,生于三国时期吴国赤乌三年(240)。父亲周鲂做过吴国鄱阳郡(今江西波阳东)太守。周处少年丧父,母亲管教不了。他不满二十,长得身材魁伟,膂力过人,很喜欢骑马打猎,凭借着一身的蛮力,在乡里横行霸道,为所欲为,无人敢问,成为乡民的一大祸害。人们因为憎恶他,所以不愿意帮他的忙,使他常常陷入困境。有一年风调雨顺,五谷丰登,可是家乡的父老们各个面带忧愁,郁郁寡欢。周处见了,很是奇怪,问这是为什么。父老们回答说:"三害未除,我们岂能欢乐!"周处追问道:"是哪三害?"回答说:"第一是南山的白额猛虎,第二是长桥的水中蛟龙,第三就是你,这就是我们所说的三害。"周处听了,惭愧得无地自容。他决心痛改前非,重新做人。于是上南山,射杀猛虎;潜水中,搏击蛟龙,激战三昼夜,终于斩了蛟龙。起初,人们见他入水不归,以为被蛟龙所吞,非常高兴,家家大摆酒宴,以示庆贺。周处回来听到这个消息,很是悲伤,知道人们恨透他了。这是个传说,猛虎、蛟龙之事未必可信,不过是用来比喻周处年轻时浑恶的程度。

周处知错后,前去拜访当时颇著声望的文学家陆机、陆云兄弟,请求指教。他说:"我想改过自新,可是年龄大了,恐怕来不及。"陆云对他说:"我们的古人把早晨听到有益的教诲,晚上死了,都认为不晚。你才二十岁,有什么来不及的?人最怕无志,立了志又不能坚持。"周处听了,非常感激。揖别了陆云,回到家乡,修身养性,勤奋学习,并勇于助人,常怀报国之志。家乡父老们都觉得他变了,变成一个可以信赖的人了。于是,对他大加赞扬。几年之后,他当上了吴国的东观左丞,后来又当上了一个地区的都督。

吴国灭亡后,他担任了西晋新平郡(治所在今陕西彬县)的太守。新平地处西北少数民族地区,以往这里常发生民族纠纷。周处到任后，公正抚慰，使各族人民和睦相处，过去反叛的羌族人也都归附了，雍州（今陕、甘、宁地区）一带都盛赞他的为人。不久，又迁广汉郡（今陕西、甘肃、四川交界区）太守。这是个天高皇帝远的地方，曾积压了许多的诉讼案件，有的已经三十年了，也没有解决。周处到达这里，经详细调查后，很快全都处理了。后来因母亲年迈，卸官回家。

太熙元年（290）晋武帝病死，杨皇后和她的哥哥杨骏掌握了政权。第二年，贾皇后杀了杨骏，夺取了政权，由汝南王司马亮辅政。不久，贾皇后又让楚王司马玮杀掉司马亮。然后，她又把司马玮杀了。统治者你争我夺的政争，使得哀鸿遍野，民不聊生。这时，周处出任楚郡内史。这个地方刚刚经过战争，尸骨满野，新迁来的居民和原有的居民因风俗习惯各不相同，又经常进行斗殴。周处一边掩埋暴尸露骨，一边调解居民纠纷，晓以大义。人们说他是仁德的君子。

凭借着这些政绩，周处由地方升到了中央，担任了侍从皇帝、常管规谏的散骑常侍官。他没有因为地位的提高而改变自己的操守，相反，却更加正直无私。他屡屡犯颜直谏，有时使得皇帝非常尴尬。后来，他担任了纠劾渎职的监察官——御史中丞。由于他对于违法者，不论宠戚，一律弹劾，得罪了许多人。因而成了众矢之的。梁王司马彤被他弹劾过，所以恨他入骨。

元康六年（296）氐族首领齐万年造反。憎恨周处的人见陷害他的机会来了，就一齐对晋惠帝说："周处是名将之子，忠烈果敢，可以为将。"保举他率兵前去镇压。又推荐梁王司马彤为征西将军，贵戚夏侯骏为帅。当时有人看出这一阴谋，认为周处前去必死无疑，就联合了朝中的一些正直官员，联名上奏皇帝，请求改派他人为先锋，晋惠帝没有答应。又有人劝周处以母亲年事已高为由，辞去此行。周处说："忠孝不能两全，先国而后家。"谢绝了这些人的建议，上马而去。

两军对峙时，梁王只拨给周处五千军卒，与齐万年的七万人马交战。周处的士兵还没有吃饭，梁王就催促周处出兵，并切断了周处的后援。周处知道此战必败，就写了一首悲壮的诀别诗，然后率领着士兵冲入了敌阵。他从早上一直战到黄昏，最后箭尽弓绝，士兵所剩无几。卫兵劝他撤出阵地，他手按宝剑高声说："今天是我效命尽节的日子。我身为国家大臣，以身殉国是应该的。"说罢，又挥剑力战，最终战死疆场，时年五十七岁。

闻鸡起舞的祖逖

"闻鸡起舞"意思是说深夜听到鸡叫,就起来舞剑,比喻有志之士的及时奋发。后来,每当国家蒙难,爱国志士就用它激励自己为国家民族干一番事业。这个成语出自东晋名将祖逖的故事。

祖逖字士稚,范阳遒县(今河北涞水县北)人,生于西晋泰始二年(266)。父亲祖武,曾任上谷郡(今河北怀来东南)太守,早逝。祖逖性情豁达,慷慨仗义,有志节。每到乡间,见到贫苦人家,就散发布谷周济,深得乡里宗族的敬重。后来侨居阳平(治所在今河北大名东)。二十四岁时,与另一名士刘琨同为司州主簿,负责洛阳的文书印鉴。两人志趣相投,共被同寝,夜半听到鸡叫,祖逖便推醒刘琨,双双挥剑起舞。每谈论时事,经常中宵起坐,互相激励,慨然有报国之志。

西晋王朝从立国之始,就酝酿着变乱。晋武帝一死,宫内发生了杨皇后和贾皇后争夺政权的内乱,继而蔓延到皇室诸王之间，从而导致了长达十六年的八王之乱，给人民生命财产造成极大的损失，激起了各族人民的反抗。北方的匈奴族和羯族的贵族也乘机起兵，反对西晋，使北方和中原地区陷入一场大混战的局面。

这期间，祖逖先后担任过齐王司马冏的大司马掾，长沙王司马乂的骠骑祭酒。这两个职务，都是负责军事的武官。后来，再迁为太子舍人，掌管文翰。永安元年（304），随惠帝北伐成都王司马颖。兵败，惠帝被擒。不久，惠帝又落入军阀王浚手中。这年十一月，王浚部将张方挟惠帝西迁长安，此后天下大乱。各路诸侯为了夺取政权，纷纷召集人才。他们听说祖逖谋划有方，就争相召用他。祖逖认为，这些人全是国家的祸害，黎民的盗贼，为了维护国家的利益，他另有抱负，没有接受任何人的征聘。

晋怀帝永嘉五年（311）六月，匈奴人刘曜攻陷洛阳，捕怀帝，杀官吏，焚洛阳，京师大乱。祖逖为了避难，率领亲族数百家逃到淮、泗地区（今淮河与泗水流域）。一路上，他顾前护后，指挥有方，还将自己的车马让与老弱者乘坐，自己步行。衣食药物，与人共享。因此，众人十分感激，共同推举他为难民首领。在刚刚抵达泗口（今江苏淮安市西）的时候，他接到了琅琊王司马睿（即后来的晋元帝）的任命，让他担任徐州（今江苏长江以北和山东东南部）地区的最高长官。不久，转任军咨祭酒，屯军丹徒的京口（今江苏镇江）。

祖逖痛感国家多难，百姓遭殃，立志恢复中原，安定社稷。他觉得民心可用，便上书司马睿，请求北伐。这时，司马睿正忙于组建偏安政权，稳定和扩展自己在江南的地位和势力，对北伐并不感兴趣。但迫于舆论的压力，不便拒绝，就于建兴元年（313）授祖逖为奋威将军、豫州刺史，给了他一千人的军粮和三千匹布，让他自谋兵卒、武器去北伐。

祖逖虽遭冷遇，但未气馁。他率领着私人武装百余家，毅然渡江北上。当渡船驶到江心时，他面对滔滔的江水，击打着船桨，激昂地说："我祖逖如果不能收复中原，誓不回还！"表现了一个忧国志士的气概。

渡江之后，驻扎江阴（今江苏江阴市一带）地区，招募义勇，铸造兵器，组建了一支两千多人的部队。经过训练后，开始向中原挺进。

这时，中原地区庄坞林立，战争频繁。这些坞主拥有自己的武装，他们或独霸一方，不服辖制，或勾结北方少数贵族，攻城略地，使黄河流域惨遭涂炭。祖逖率领着这支纪律严明、作战英勇的部队，一路披荆斩棘，势如破竹，相继平定和招降了一些地方武装，开辟了基地，扩大了队伍，振奋了士气，赢得了声望。此后，他就和后赵的统治者羯人石勒在河南东部多次展开激战，打得石勒闻风丧胆，收复了河南的大部分地区。为了争取各种力量，集中打击石勒，他对黄河沿岸的赵固、上官巳、李矩、郭默这些相互攻伐的武装坞主，派人从中和解，晓以大义。果然，他们解除了旧怨，表示愿意归附祖逖领导。

祖逖礼贤下士，廉洁奉公，军纪严明，爱恤百姓。他每战身先士卒，对有功者赏不逾日，所以，士兵全愿效命。当他打败一个名叫樊雅的军阀时，缴获了一匹骏马。有一客军将领李头很想要这匹马，但又不好意思开口。祖逖知道后，立即将马送给了他，使李头大为感动。另一坞主陈川被祖逖击败后，祖逖将陈川掠夺的子女、车马，各归原主，一无所私。战争之余，他鼓励农桑，亲率宗族参加百姓的耕耘、担柴等劳动。还替无钱丧葬者收殓祭醊，因此豫州的老百姓称他为再生的父母。由于战功卓著，他又被升为镇西将军。

正当他以旺盛的斗志、饱满的热情，同当地军民一道，准备越过黄河，收复河北的时候，晋元帝等人担心他势力大后，于己不利，便命仅有虚名的戴若思为都督，统辖祖逖收复的州部。显然，这是为了牵制祖逖。祖逖见自己受到疑忌，又听说朝中权贵王敦和刘隗等互相倾轧，内乱将要爆发，感到北伐大业无望，于是感愤成疾，卒于雍丘（今河南杞县）军中，时年五十六岁。豫州人民十分悲痛，为他立祠，以示崇敬和悼念。

饮"贪泉"而不贪的吴隐之

近读《晋书》,翻到《良吏传》,共收有十二人,都是很讲操守的官吏,而殿后的吴隐之,其廉洁自持的事迹,尤使人感动。《吴隐之传》中以记其清操为主旨,通篇几乎都用赞誉的笔墨刻画其品格。从本传中可以摘录出好几段,至今对反腐倡廉,犹有借鉴的意义。本传云:

> 日晏饮菽(汤、豆,指最普通的饭食),不飨非其粟;担石无储,不取非其道。
> 冬月无被,尝浣衣,乃披絮,勤苦同于贫庶。
> 家人绩纺以供朝夕。时有困绝,或并日而食,身恒布衣不完。
> 隐之将嫁女,(谢)石知其贫素,遣女必当率薄,乃令移厨帐,助其经营。使者至,方见婢牵犬卖之,此外萧然无办。

即此数事,已是人所难能,而居高位者尤难。但更难的是吴隐之在具有贪污环境和土壤的广州所有的行事，几乎令人难以置信。东晋安帝隆安年间（397—401），吴隐之被任命为广州刺史。这是拥有两广地区重权的军政大员，是为人所羡慕的肥缺。据史载，当时的广州已是一座"包带山河，珍异所出，一箧之宝，可资数世"的富庶之区。常在河边站，哪有不湿鞋？所以"前后刺史皆多黩货"。偏偏离广州西北二十里的石门有条名为"贪泉"的水，传说"饮者怀无厌之欲"。于是，"贪泉"便成为贪官污吏滋生贪欲的"祸源"和推卸罪责的借口。"贪泉"的得名，也许是高洁之士效法上古许由不愿做官而洗耳那样，把听到的功名利禄等肮脏话都洗在这条水里，使这条水也被污染而成为"贪泉"。也许"贪泉"之名是那些贪官污吏捏造出来以掩盖自己恶行的。可是，这位新任广州刺史吴隐之却毫不听邪，途经"贪泉"不仅不顾"有泉一歃，贪心乃生"的传言，"酌而饮之"。还写诗一首，以表志趣。诗云：

> 古人云此水，一歃怀千金。
> 试使夷齐饮，终当不易心。

这首诗写得很有气派，能起到正己正人的作用，无怪它在一千六百多年后犹在吐露芬芳。至今在广州越秀山镇海楼下碑廊中那块镌有"贪泉"两个大字的巨碑上方还刻有这四句警世诗。吴隐之果然说到做到，不似那些台上大讲廉政、台下广收贿赂的贪官污吏，到任以后"清操愈厉，常食不过菜及干鱼而已"。所以晋安帝也不得不称赞吴隐之"处可欲之地，而能不改其操"的高洁。

吴隐之的更可贵处在于出淤泥而不染。他的前后任"皆多黩货"已为正史所论定。他的前任刁逵一门贪污，"兄弟子侄并不拘名行，以货殖为务，有田万顷，奴婢数千人，余资称是"。刁氏一门也可自饰为"贪泉"所误。贪廉反差，皎然可见！刁氏一门，身死财散，只赢得万世骂名，莫我予恕！

吴隐之饮贪泉而不贪，风骨凛然。反之，一些贪婪好货之徒却畏"贪泉"如虎，甚而加以填塞。据宋方信孺《南海百咏》所载，五代十国时割据广州地区的南汉主刘䶮"恶贪泉而运石填之"。而刘䶮在广州的贪残在新旧《五代史》中都有明文。他是一个"广聚南海珠玑，西通黔、蜀，得其珍玩，穷奢极侈，娱僭一方"的暴君。他"厚自奉养，广务华靡，末年起玉堂珠殿，饰以金碧翠羽"。刘氏这样一个地方政权，竟然建有南宫、大明、昌华、甘泉、玩华、秀华、玉清、太微等数百处宫殿。这样穷奢极欲的人竟去填塞"贪泉"以明不贪，真是天大的笑话，无疑是贼喊捉贼的无耻丑行。也许这是他因敛财过甚，怕听"贪"而妄想求得心理平衡的一种矫行。谁说人间无正道？贪婪者的任何掩盖抹杀，都是徒劳，历史终究会还人一个是非。"贪泉"二字，警醒千古，隐之小诗，更如利剑一般，千余年来时时在戳刺那些欲盖弥彰者的贪心。但是，人们更企盼的是能不时地听到新的"贪泉"的故事。

重视家教的颜之推

我国重视家庭教育的历史故事很多。如孔子叫他的儿子伯鱼学《诗》，读《礼》。孟轲的母亲为了有利儿子的成长而搬了三次家，还把织了半截的布剪断，来比喻中途停止学习的严重后果，以鼓励儿子学习不辍。东汉名将马援曾写《戒兄子严敦书》来告诫他们不要随便讥评时政。晋代的嵇康和杜预都做过《家诫》，陶渊明写过《责子》诗，唐代还流传过《太公家教》，等等。不过，真正写成家庭教育专著并对后世产生重大影响的，应首推颜之推的《家训》二十篇。

颜之推是南北朝时人。他少年聪悟，博览群书，对《周礼》和《左传》很有研究。他最初在南朝梁做官，曾奉命校书。后入北齐主持文林馆。齐亡，复入周、隋当官。

颜之推出身官僚世家。他的远祖、祖父和父亲都做过大官，也是很有学问的读书人。哥哥颜之议也是一位文学家。颜之推九岁便死了父亲，哥哥虽然爱他，但

"有仁无威，导示不切"，对他的要求不严格。他虽然自幼读书，却又"颇为凡人之所陶染"，养成了"好饮酒，多任纵，不修边幅"的放荡习气，因此受到人们的责难。

成年之后，他很想改掉那些不好的习惯。但习惯既已形成，就很难改。常有一些明知不该做的事，却又抑制不住地去做了。因此总是"夜觉晓非，今悔昨失"。后来，他反思人们的批评，认真地考虑了一番，认为自己有不好的习惯是因为幼时缺少良好的家庭教育造成的。为了使子孙后代自幼接受处世为人教育时有所遵循，他晚年总结自己一生的经验教训，写成了《家训》一书，被后人称为《颜氏家训》。

《家训》分为《序致》、《教子》、《兄弟》、《后娶》、《治家》、《风操》、《慕贤》、《勉学》、《文章》、《名实》、《涉务》、《省事》、《止足》、《诫兵》、《养生》、《归心》、《书证》、《音辞》、《杂艺》、《终制》等二十篇。《教子》篇讲如何教育子女。《兄弟》、《后娶》、《治家》讲如何处理家庭关系。《风操》、《慕贤》、《省事》、《止足》、《诫兵》篇谈个人修养。《勉学》、《文章》、《名实》、《书证》等篇讲读书做学问。

颜之推认为教育子女是父母的重要责任。对孩子的教育，应从小开始，并主张从"胎教"开始。如没有条件进行"胎教",也要从婴儿时期开始进行教育。这是因为"少成若天性,习惯如自然",小时候有了不良习惯,长大了就很不好改。在教育方法上,他反对一味"恣其所欲",认为应对孩子严格要求。

在颜之推所处的时代,出身于世家大族的士大夫们往往崇尚空谈,不务实际。颜之推对此极为不满。在《勉学》篇中,他抨击了那些只能说不会做的读书人。他说这些人如果去断案,不一定断得合理;如果管理一个有千户人家的县,不一定管理得好。如果问他们建造房屋的事,不一定知道门框上的横木应当横着放,而梁上的短柱则是竖立着的。问他们种田的事,不一定知道谷子比黍子早成熟。这样的人能干什么呢?因此,颜之推主张读书做学问要"利于行"。他说:"夫学者犹种树也……讲论文章,春华也;修身利行,秋实也。"强调学以致用。

颜之推出身名门望族,自幼厕身上层社会,对士族和士大夫的腐朽是很了解的。他一生又历经坎坷,"三为亡国之人",在颠沛流离中看到了普通劳动者是社会不可缺少的人。在《涉务》篇中,他举梁朝士大夫为例,说明这些人平时养尊处优,出入乘车,让人服侍,一遇丧乱,则因体弱骨柔而不能自存,实际上是很脆弱,很无用的。而在普通劳动者的各行业中,都有技艺精湛的有用之人。《勉学》篇中说，"农、商、工、贾，厮役、奴隶、钓鱼、屠肉、饭牛、牧羊，皆有先达，可为师表，博学求之，无不利于事也"。

颜之推写《家训》，常取材于时事。他在《名实》篇中写了一个伪装孝悌的士大夫。此人在居丧期间，用巴豆涂脸，造成疤痕，想让别人以为是哭泣过度落下的，结果连他的奴仆都不能为他掩饰。又有一个读书不过二三百卷的士族，天性钝拙，便以酒肉、珍玩"交诸名士"，使他们为自己吹嘘，以博取虚名。这两个例子揭露了士大夫的虚伪嘴脸。《家训》就事论理，颇有说服力，因此这本书在此后的封建社会中一直很有影响。有人对此书很推崇，说"凡为人子弟者，可家置一册，奉为明训，不独颜氏"。清人卢文弨《注〈颜氏家训〉序》称，"若夫六经，尚矣。而委曲近情，纤悉周备，立身之要，处世之宜，为学之方，盖莫善于是书"。

颜之推是封建社会的人，由于历史的局限，他的《家训》中也有不少封建性的糟粕。但其中有益于家庭教育的内容，至今仍有借鉴的意义。

佐治仁爱的长孙皇后

纵观中国两千多年的封建王朝，皇后能够不豫朝政、生活节俭，并以仁爱对待其他嫔妃，实在太少了。但是，唐太宗时的长孙皇后，就做到了这些，所以，她被后人频频地赞扬。

根据史书记载，长孙皇后的祖先是北魏拓跋氏，属于鲜卑族人，经过南北朝民族大融合而已经汉化。她父亲长孙晟担任过隋朝的右骁卫将军。她从小很有教养，喜欢读书，精通历史。十三岁的时候，嫁给李世民为妻。二十七岁当了皇后。直到贞观十年（636）她三十六岁去世为止，一直和唐太宗李世民生活在一起，对李世民的事业有一定的帮助。

俗语说："女无美恶，入宫见妒。"历览我国封建社会，皇后与妃嫔媵嫱之间争宠妒忌，宛如寇仇。史书中记载了不少她们互相残杀的悲剧。但是，长孙氏身为皇后，却不是这样，她善良仁慈，具有很大的气魄和襟怀。所以，得使唐太宗安心政务，情绪上不受干扰。比如：曾有个嫔妃，生下豫章公主后就死了，长孙皇后把她当作自己亲生的女儿抚育着。其他嫔妃得了病，她停服自己的药膳，送给她们服用。宫中之人如果犯了罪，她既帮助唐太宗按法处罚，又常等唐太宗怒气缓解后，慢慢地为他们开解。不致因唐太宗盛怒之下，使臣下受罚过重，宫中之人对她无不爱戴。

她远见卓识，常能以史为鉴。她对待自己的亲属和子女要求很严，决不让他们利用自己的身份而享有特权。她熟谙前朝外戚专权给国家带来的灾难，给自家造成的恶果，所以，坚决请求唐太宗不要授予她亲属重权。她的哥哥长孙无忌少年时就与唐太宗过从甚密，后来经常跟随唐太宗征伐，很有才智，是策划"玄武门政变"的主要人物。唐太宗要让他担任左武侯大将军、吏部尚书、右仆射等要职。按理讲，他是受之无愧的。可长孙皇后坚决不同意，她对唐太宗说："我已经很尊贵了，实在不愿意再让兄弟子侄在朝中掌握大权。汉朝吕后家族把持朝政的结果足以为鉴。"她认为，保护子孙、宗族安全的唯一办法，是不让他们担任要职。唐太宗不听，她又密告哥哥向唐太宗苦求辞让。唐太宗无奈，只好让他当了一个没有实权的一品散官。她临终时，还谆谆告诫唐太宗不要给她亲属大权。在中国封建社会里，哪家生女为皇后，随之而来的不就是光宗耀祖、鸡犬升天。长孙皇后却以之为耻，实属难能可贵。

有时，唐太宗把朝中之事告诉她，征询她的意见。她不肯回答，推托说："我是女人，只管家务，不参与政治。"她这样做，一则可以避免家庭凌驾于朝廷之上，再则可以避免枕边风干涉朝臣们的决策。这是何等的明智。

我们说长孙皇后不参与政事，并不是所有的政事都不参与。一旦触及唐太宗过失时，她不仅参与，而且还很有眼光。有一次，唐太宗罢朝回宫，怒气冲冲地说："非杀了这个田舍翁不可！"长孙皇后问是谁。唐太宗说："魏徵经常在满朝文武大臣面前冲撞我，让我难堪。"长孙皇后立即换上朝服，站于庭中。只有重大事情的时候，皇后才这样装束，所以唐太宗吃惊地问为什么要这样做。长孙皇后回答说："我听说君王要是明智，大臣就直率。现在魏徵敢于直谏，是因为您圣明的缘故。我怎能不表示庄重地庆贺呢！"她如此机智、委婉地规劝唐太宗，多么聪明啊。真可谓柔中有刚。

长孙皇后对孩子们管教很严，绝不允许他们依仗皇权而违法乱纪。她的女儿长乐公主将要出嫁，唐太宗准备给她的陪嫁物品超过永嘉长公主,永嘉长公主是李世民的姐姐。按照唐朝的制度,皇帝姐姐与女儿待遇理应一样,唐太宗这样做违反了唐制。经魏徵的劝谏,唐太宗没有施行。事后,唐太宗将此事告诉了长孙皇后。长孙皇后没有因为魏徵的阻拦而憎恨魏徵,反而对他大加赞扬,说:"魏徵是真正的忠臣。我与你是结发夫妻,遇事还要看你的脸色讲话,他无论何时何事何地,都敢直言,实在难得。忠言逆耳,国君接受它,人民就安宁;拒绝它,国家就动乱。"并派人赐给魏徵四百缗钱、四百匹绢,以鼓励魏徵的直言。女儿出嫁,她不无私心。只不过她要以身作则。可是皇太子的宫中缺少什用器具,太子乳母让长孙皇后奏请唐太宗给予添加时,她拒绝了,说:"为太子,怕的是德不立,名不扬,器物少有什么可忧虑的。"她不让太子追求物质享受,要他树立志向,这是很有远见的。

她身为皇后,一直过着朴素的生活,吃穿等物,够用则止。以读书自娱,整日手不释卷。贞观八年(634),长孙皇后得了重病,太子让她请求唐太宗大赦,并劝人脱俗出家,以期神灵保佑。她回答说:"如果修善可以延长寿命,我平时没有做恶事。若行善无效,我乞求神灵有什么用?大赦是国家的重要事情,劝人出家是皇上不主张的。不能因为我而乱了国家的法度。"她对福祸、善恶采取了极理智的态度。后来,她的病情愈加恶化,在生命垂危的时刻,她念念不忘江山社稷,还请求唐太宗采纳忠言,摒弃谗佞,节省徭役,并说:"我活着的时候,对国家没有什么贡献,死后一定不可厚葬。自古圣贤,都崇尚薄葬。只有无道之世,才大起山陵,劳费天下,让后人讥笑。您薄葬我,就等于没有忘记我。"一千多年前的一个皇后,在临终前表现得这样清醒、冷静,是很值得后人深思的。难怪唐太宗在她去世后说:"因为她的规劝,弥补了我许多过失。现在再也听不到她的良言了,我失去了一个宫内的良佐,实在令人痛心呀!"

长孙皇后的确是中国古代的一位伟大女性。

流芳千古的颜真卿与颜杲卿

提起颜真卿,我们中国人都知道他是唐代的大书法家,"颜体"的创始人。他的书法刚健浑厚,成为书法史上的一大高峰。其实,他还是一位刚正不阿、气节高尚的著名政治家。对于颜杲卿,人们可能有些陌生,他是颜真卿的堂兄。南宋民族英雄文天祥在《正气歌》中有"为颜常山舌"诗句,赞扬的就是他。

颜真卿字清臣,颜杲卿字昕,他们祖籍是琅玡临沂(今山东临沂),后来迁居到京兆万年县(今陕西西安市)。《颜氏家训》的作者颜之推,是他们的五世祖。颜真卿幼年丧父,得到母亲的良好教育。他少年有志,刻苦攻读,正直达礼,在唐玄宗开元年间(713—741)考中进士。此后,他担任过醴泉县(今陕西礼泉东北)的县尉和监察御史、河西(治所在今甘肃武威)陇右军试覆屯交兵使。当时五原(今陕西定边)地区属他管辖,有一桩冤案,很久未能了结。他经过详细调查后，很快妥善处理了，受到当地老百姓的赞扬。由于他善理政务，所以频繁迁职。他当过殿中侍御史、东都畿采访判官、侍御史、武部员外郎等职。当时，杨国忠依仗其妹妹杨贵妃的势力，得以专权，恨颜真卿不附和自己，把他排斥到平原郡（今山东平原县西南）做郡守。与此同时，颜杲卿经安禄山的举荐，也当上了代理常山郡（今河北正定）的太守。

安禄山的叛逆行为日益显露，颜真卿料他必反，就暗中准备抵抗。有一次，他以连降大雨为由，加固了平原城，拓宽掘深了护城河，并暗募兵勇，积蓄粮食，表面上装出无所事事的样子，经常与友人划船游玩，饮酒赋诗。安禄山果真以为他是个书生，就未加提防。

天宝十四载（755）十一月，安禄山在范阳（今北京）起兵叛乱，很快攻下了黄河以北的大部分地区。只有颜真卿的平原郡城守俱备，未被攻破。十二月十二日东都洛阳陷落。然后，安禄山挥师西进，直逼唐朝首都——长安。

安禄山部将段之光带着洛阳守将李憕、卢奕、蒋清三人的头颅，到黄河地区威胁各地官员。当段之光来到平原郡时，颜真卿怕动摇军心，就对部下说："我认识李憕三人，这不是他们的头颅。"然后把段之光杀了，并派人去联络他的堂兄颜杲卿，商议如何牵制安禄山西进和切断他的归路等问题。这时，颜杲卿正和安禄山的亲信蒋钦凑等人驻守在土门关（今河北井陉关），这是个进入华北地区的隘口。颜杲卿早有反安起义之心，得到颜真卿相约，即刻计杀了蒋钦凑，然后和颜真卿在安禄山的后方起兵讨叛，一时河北十七郡响应。维护国家统一的官员，带着队伍，齐集平城，推颜真卿为盟主，合兵二十万，名声大振，很快收复了河北许多失地。

安禄山到达了陕、虢，听说河北骤变，急派史思明回军平定。不久，河北诸郡又相继陷落。天宝十五载（756）正月，史思明攻打常山郡。颜杲卿指挥城中军民昼夜奋战，最后弹尽粮绝，城池陷落，颜杲卿被活捉。史思明把他的小儿子带来，对他说："投降我，就免你儿子一死。"颜杲卿见自己亲生骨肉将遭杀戮，内心直淌血。为了明志守节，他老泪纵横地看着自己的儿子被绑赴刑场。后来，他被带到洛阳，去见安禄山。安禄山对他怒吼道："我提拔你当了太守，哪里对不起你，你背叛我？"颜杲卿圆睁双目，骂道："你从前不过是个营州（今辽宁一带）放羊的卑奴，依靠诈媚取得了皇帝的宠信，当上了范阳节度使。皇帝哪里对不起你，你却反叛，我家世代忠臣，恪守忠义，恨不能将你碎尸万段，以报国家。"安禄山怒不可遏，把他绑在洛水的天津桥柱上，割下了他的舌头。然后，惨无人道地将他肢解，时年六十五岁。

常山等郡沦陷后，颜真卿的平原郡人心惶惶，不可复振。唐肃宗至德元年（756）十月，颜真卿被迫弃郡。第二年四月，来到凤翔（今陕西凤翔），拜见即位不久的肃宗皇帝，被封为御史大夫。

"安史之乱"平定后，他在肃宗、代宗、德宗三朝担任过许多职务，有一地的最高长官，也有中央要职，并被封为鲁郡公，世称"颜鲁公"。由于他为官正直，秉公办事，从不向恶势力低头，所以一直受到排挤和打击。他历经四朝，担任过这四朝宰相的人有杨国忠、李辅国、元载、杨炎、卢杞，无一不因为他公忠守节、坚贞一志而憎恨他。

唐德宗建中三年（782），淮宁节度使李希烈叛乱。宰相卢杞见陷害颜真卿的机会来了，就向唐德宗建议说："颜真卿在朝廷内外很有威望，派他去劝导李希烈，不用一兵一卒，便可平息此乱。"很显然，这是想借刀杀人。这时，颜真卿已是七十多岁的老人，为了维护国家的利益，他不顾个人安危，毅然来到汝州（治所在今河南临汝）。李希烈听说颜真卿来了，十分紧张。他知道颜真卿德高望重，一身正气，是个威武不屈的老头儿，但还想威慑一下。于是在见面的时候，命他的部将和养子一千多人冲上前来，围住颜真卿，剑戟交胸，进行威胁。颜真卿毫不畏惧，手拄拐杖，昂然挺立，高声叫道："大唐淮宁节度使李希烈，下位接旨！"李希烈被颜真卿凛然正气所折服，只好下位给颜真卿作揖，然后把他安排到了馆驿里，准备慢慢软化他。

后来，李希烈耍尽伎俩，又是利诱，又是威逼，要颜真卿辅佐他做皇帝，遭到颜真卿坚决拒绝。兴元元年（784）唐朝军队平定了朱泚的叛乱。李希烈感到自己的末日即将到来，就派人缢死了颜真卿，时年七十七岁。

忠义智勇的段秀实

提起"忠义"二字，就使人想起封建礼教。不错，封建社会的杰出人物，往往以忠义二字律己，或是以忠义节人。但是，同是在忠义思想指导下采取的行动，也可以分出是非曲直来。区分的标准，就是看那些行动是顺应历史的发展，还是逆历史潮流而动。段秀实的行动属于哪一种呢？请大家读了他的故事后自己去判断吧。

段秀实是唐朝人，字成公，家在陇州汧阳（今陕西千阳县）。段秀实很孝顺，还在孩童时，一次母亲有病，他竟六七天吃不下饭。待母亲的病有所好转，他才进食。成年后，段秀实立志报国。他认为"搜章摘句"地走科举之路不能为国立功，便投笔从戎，加入了军队。

唐玄宗天宝四载（745），段秀实因战功升为安西府别将。天宝七载（748），他跟随安西节度使高仙芝围攻黑衣大食（唐代称阿拉伯帝国的阿拔斯王朝为黑衣大食）的怛逻斯城。大食救兵赶到，高仙芝兵败，溃不成军。入夜，段秀实在乱军中听出有副将李嗣业的声音，于是大声对李嗣业说："因惧敌而逃跑，这是怯懦的表现，自己跑掉而听凭广大士兵陷于危难中，这更是不仁！"李嗣业听后很惭愧，便同段秀实一起收拾败兵，把他们重新组织起来，带回了安西府。段秀实不但有勇，而且有谋。天宝十二载（753），封常清任安西节度使，率军攻打西域的一个城邦。敌人一战而退，封常清就要下令追击，段秀实说："敌人这样不堪一击，是想引我们中埋伏，要小心。"封常清命人在道路两旁的山林中搜索，消灭了敌人的伏兵。

唐朝中后期，各节度使往往拥兵自重，不听皇帝的命令，严重地削弱了中央政权。段秀实归安西节度使管辖，经常劝说节度使听从皇帝的调遣，维护国家的统一。

天宝十四载（755），爆发了"安史之乱"。次年长安陷落，玄宗逃往四川。太子李亨即位于灵武，这就是唐肃宗。肃宗向朔方、陇右、河西、安西和西域征调援军。这时，安西节度使是梁宰，他打算逗留观变，不肯发兵。李嗣业暗地里也同意这样做。段秀实对李嗣业说："现在皇帝有难，臣下怎么能只图自己无事呢？你常自称是大丈夫，其实也不过如此。"这个激将法还真起了作用。李嗣业于是恳请梁宰发兵五千，由李嗣业统领，段秀实负责后援，在同安史叛军作战时屡建战功。

当时，不仅安史叛乱军队祸国殃民，唐朝从各处征调来平叛的军队也四处掳掠，坑害百姓。唐军副元帅郭子仪的儿子郭晞，以检校尚书任行营节度使，驻军邠州，士兵放纵不法，为患百姓。当时安西节度使是白孝德，邠州归他管辖，但他对郭晞的士兵不敢节制。段秀实对白孝德说："皇帝把此地百姓交给你治理，见到百姓受残害，你却无动于衷，如果导致大乱，你怎么办呢？"白孝德反问道："你有什么办法吗？"段秀实说："如果交给我办，我可以制止他们。"于是白孝德以段秀实为都虞候，负责管束军队。一天，郭晞的十余名士兵到街市上抢酒，杀死了卖酒的老翁，砸了盛酒的器具。段秀实率人把这十余人抓起来，斩首示众。郭晞的人一下子鼓噪起来，都披上了盔甲。白孝德很害怕，把段秀实叫来问道："这可怎么办呢？"段秀实说："我去和他们说。"于是解下他的佩刀，找了一个腿瘸的老人为他牵马，来到郭晞的营门前。披着盔甲的士兵出来，见他这副模样，不禁愕然。段秀实笑着走进门，说道："杀一个老头儿何必披戴盔甲，我这不是带着头来了吗？"接着，他对士兵们说："是郭晞尚书对不起你们呢，还是郭子仪副元帅对不起你们呢？为什么要乱来败坏郭氏的名声？"这时，郭晞走出来。段秀实对他说："副元帅功塞天地，而你却在这里纵卒行凶，这恐怕要连累副元帅的。人们会说你是因为和副元帅的关系才放纵士兵的，副元帅的功名，要毁在你手里了！"郭晞听后说："幸亏您教导我，我愿意让军队听你的管束。"随后命令士兵脱了盔甲。段秀实说："我还没吃饭呢，请准备饭。"吃完饭，段秀实又说："我身体不舒服，想睡在这儿。"于是在士兵的军营中睡下。郭晞赶紧派人护卫。此后，邠州就安定了。

唐代宗大历十一年（776），段秀实任泾原郑颍节度使。他不遇公事不饮酒，不纳妾，家无余财。部下同他议论军政时，他从来不提私事。

唐德宗建中元年（780），宰相杨炎打算筑原州城，段秀实说："刚开春不宜动土，请等到农闲时吧。"杨炎认为段秀实有意阻拦自己，于是调段秀实为司农卿，削了他的兵权。

不久，泾原节度使姚令言率军过京师时发生兵变，德宗出奔奉天。太尉朱泚乘机称帝，建国号大秦。朱泚以为段秀实被夺了兵权，一定怀恨在心，又因为段秀实深得人心，便拉他一同反叛。段秀实假装应允，暗地里联络了几名大将准备诛杀朱泚。朱泚召段秀实议事,段秀实着戎装,坐在朱泚身边。当说到篡位的事时,段秀实一跃而起,唾骂朱泚道:"你这个叛贼,我恨不得把你碎尸万段!"说着,从在座人手中夺过一个象笏,打在朱泚的头上。朱泚被打得血流满面,狼狈而逃。但是,约定在外接应的将领没有来。于是段秀实对朱泚手下的人说:"我不和你们反叛,为什么还不来杀我!"朱泚的左右蜂拥而上,段秀实就义。

李清照与《金石录后序》

李清照是生活在北宋末南宋初国事纷扰之际的一位重要女作家。她以诗词文的卓越成就在中国文学史上占有一席之地。她的"帘卷西风,人比黄花瘦"和"生当作人杰,死亦为鬼雄"等名句久已脍炙人口,广为流传。她的文采在宋代已为时人所称誉,其见于文字者甚多,如:

> 自少年便有诗名,才力华瞻,逼近前辈。
> 善属文,于诗尤工。
> 有才思,文章落纸,人争传之。小词多脍炙人口,已版行于世。

当时甚至对凡博学多艺的妇女,也多"比之李易安"。不仅如此,李清照的诗词文在当时已结集刊行并见于著录。一般地说,古代目录书著录图书是比较迟缓的。凡一门学科,一种著述往往不易在当时就能被立类著录，除非有定论定评，或流传极广并有相应稳定性者始能较迅速著录。李清照的专集却是著录在当世两位著名目录学家晁公武和陈振孙的目录学专著之中。晁、陈二氏是博学多通的古典目录学家，晁著《郡斋读书志》和陈著《直斋书录解题》更是古典目录学领域中私家目录的双璧。而晁志即著录"《李易安集》十二卷"，并注称撰者"有才藻名"。陈录则不仅著录《漱玉集》一卷，并称有"别本分五卷"。宋人黄升《唐宋诸贤绝妙词选》卷十中另著有"《漱玉集》三卷"。可见李清照的结集不仅刊行，而且尚有不同的版本。元朝官撰《宋史》，李格非传所附李清照传称她"诗文尤有称于时"。而《宋史·艺文志》更著录《易安居士文集》七卷、《易安词》六卷。史志目录为一代文献所汇，而易安文、词结集得著录其间，益以见其影响与地位。

明清两代，李清照令誉不衰。明代文学家田艺蘅称她"幼有才藻，能文辞"。清初诗坛巨擘王士禛更誉她为"词中大家"。乾嘉时期的李调元认为李清照不仅在宋代妇女作者中可称"卓然一家"，而且还不在男性词宗秦观、黄庭坚之下。"词无一首不工，其炼处可夺梦窗之席，其丽处真参片玉之班。盖不徒俯视巾帼，直欲压倒须眉",虽词有过誉,然也可见易安之为后学所景仰。

所有这些评论,大多据李清照之词的成就而发,而其文反不显,即论及其文时也往往因论词学及热衷于易安改嫁问题而偏重其《词论》和《投翰林学士綦崇礼启》二文。实际上,真正能代表李清照文章特色并具有重要史料价值的则是《金石录后序》一文。

《金石录后序》是李清照为《金石录》所写的一篇序文,也是一篇充满浓郁生活气息并倾诉爱情欢乐忧苦的抒情散文。《金石录》虽署赵明诚名,但李清照确曾参与其事,宋人论著已有所论定:"易安居士李氏,赵明诚之妻,《金石录》亦笔削其间。"《金石录》是李清照夫妇于政治失势后屏居青州十年的最大收获。它继欧阳修《集古录》后被誉为古金石学的又一部名作,对史学、考古学、金石器物学和美术史等领域都有重要参考价值。全书三十卷,共收夏至五代二千余件金石碑帖版本目录,其中五百余件作了考订评论的跋尾,成为一部搜访较备,有所考证的力作。所以朱熹推重其书说:"大略如欧阳子书,然铨叙益条理,考证益精博。"清初一学者得此书宋残本,欣喜而刻一图记"《金石录》十卷人家"，并每每钤于"长笺短札，帖尾书头"。《金石录后序》则是李清照在国难流离、夫死物散的困境中，抚今思昔，睹物怀人，情动乎中而发乎文的佳构。正如宋洪迈所说："赵没后，愍悼旧物之不存，乃作《后序》，极道遭罹变故本末。"

《后序》围绕《金石录》成书过程，以流畅情趣之笔，除记述其夫妇生平经历外，"中间叙述购求之殷，收蓄之富，与夫校勘之精勤，即流离患难，犹携以远行，斤斤爱护不少置，深惋惜于后来之散失"。所以，它是一篇既富文学意味，又有史料价值的佳作，无怪后世学者文人对之啧啧称道。如明人萧良有评《后序》说："叙次详曲，光景可睹，存亡之感，更然言外。"清人陈宏绪称其"自是大家举止，绝不作闺阁妮妮语"。而毛晋更以《后序》可"略见易安居士文妙"，并作了极高的评价："非止雄于一代才媛，直洗南渡后诸儒腐气，上返魏晋矣。"清初钱谦益撰《绛云楼书目》著录《金石录》三十卷，并注评《后序》"其文淋漓曲折，笔力不减乃翁"，这些评论大都以其文笔立论。我认为《后序》更重要的意义乃在其史料之价值，它可以说是赵明诚、李清照夫妇的一篇学术合传。

《后序》是记李清照夫妇家世生平的原始资料。李清照的家世简传尚附见于父格非传，而《宋史·赵挺之传》不著明诚事迹。《后序》所记则比较明晰，其主要方面有三：

一、赵、李家世。《后序》称"赵、李族寒，素贫俭"，可见两家门第相当。李清照父格非于宋徽宗建中靖国元年，即赵、李联姻时任官礼部员外郎，而赵父挺之时任吏部侍郎，后历官至尚书右仆射兼中书侍郎，职位相当于丞相，所以《后序》称赵父曰丞相。

二、赵明诚生平。赵、李结婚于"建中辛巳"即徽宗建中靖国元年（1101），当时，赵明诚是一位年仅二十一岁的太学生。据此上推生年为宋神宗元丰四年（1081）。"后二年，出仕宦"，即指赵明诚于徽宗崇宁二年（1103）的出仕。大观元年（1107）赵挺之卒。次年，赵、李离开开封回归故乡山东青州，"屏居乡里十年"。这是夫妻厮守致力学术的重要十年。他们为表明心迹，仰慕陶渊明的淡泊而借意"归去来兮"和"审容膝之易安"，便以归来名堂，易安名室，矢志潜研，共同在归来堂整理搜访到的文物图籍。从宣和三年（1121）到靖康元年（1126），赵明诚连续出任莱州、淄州知州，可以"竭其俸入以事铅椠"。宋高宗建炎元年（1127）春，赵明诚"奔太夫人丧南来"，临行经过反复筛选，随身带走古器书画十五车，而留存青州故居的尚有"书册什物，用屋十余间"。八月，赵明诚在服丧期间，"起复知建康府"[①]，三年三月罢官，五月又奉命"知湖州"。于是安顿李清照于池阳（安徽池州市贵池区），"独赴召"。由于一路劳累，所以至行在，"病痁"[②]。七月末，李清照得讯奔往，及晤面已"病危在膏肓"，八月十八日，赵明诚谢世。据建中靖国元年赵明诚结婚时年二十一岁下推至建炎三年八月卒，应得年四十九岁（1081—1129）。

三、李清照生平。《后序》最后有一段说："余自少陆机作赋之二年，至过蘧瑗知非之两岁，三十四年之间，忧患得失，何其多也！"此指从结婚到写《后序》时间。陆机二十岁作《文赋》，少二年当为十八岁，即建中靖国元年结婚时年龄。上推生年则为元丰七年（1084），蘧瑗五十而知四十九之非，知非之年既可释为知非之年五十，也可释为被知非之年四十九，如释

---

① 《后序》称"建炎戊申秋九月"起复，即建炎二年九月，核之其他资料，此为易安误记。

② 建炎三年五月，宋高宗即建康府治建行宫，此"行在"指建康。痁，疟疾。

为四十九岁,多两岁则写《后序》时为五十一岁,十八岁加三十四年,按传统计算年龄方法(计首尾重一年)应为五十一岁。十八岁时既为建中靖国元年(1101),再加三十四年应为1134年,即绍兴四年,即写《后序》之年。传本《金石录后序》末署写序年月为"绍兴二年玄黓岁壮月朔甲寅"。玄黓是天干中壬年的别称,指绍兴二年壬子。绍兴二年为1132年,倒退三十四年为1099年,与1101年十八岁,结婚年龄不合。壮月为农历八月的异称,朔指初一,甲寅应是八月初一,但这年八月初一的干支纪日是戊子而非甲寅,所以《后序》写于绍兴二年有误。应按宋洪迈《容斋随笔》卷五、宋无名氏《瑞桂堂暇录》及《金石录》十卷宋残本等所记作绍兴四年。李清照结婚后,与夫同心,矢志于古器图籍之搜访,在青州屏居的十年中潜心共研,开始了金石碑版的著录、编次与题跋工作。建炎元年,赵明诚南下奔丧,李清照留居青州。这年十二月,"金人陷青州,凡所谓十余屋者,已皆为煨烬矣"。李清照可能在此时南下,次年抵江宁。建炎三年,赵明诚奉命知湖州,李清照被安置在池阳。七月,闻明诚病讯,"遂解舟下,一日夜行三百里"。八月十八日,赵明诚卒,李清照经营丧葬毕,"犹有书二万卷,金石刻二千卷,器皿茵褥,可待百客，他长物称是"。当时，李清照因病，行动不便，因考虑到赵明诚的一妹婿正以兵部侍郎在洪州担任六宫护卫，所以即派旧部二人护送这些器物图书到洪州。不幸，这年十一月，金兵陷洪州，器物图籍，"遂尽委弃"，只剩下"少轻小卷轴书帖，写本李杜韩柳集，《世说》、《盐铁论》，汉唐石刻副本数十轴，三代鼎彝十数事，南唐写本书数箧"。接着，李清照又辗转流徙于浙江台州、剡县、建德、黄岩、温州、绍兴等地。建炎四年十二月到衢州，绍兴元年又去绍兴。在不断流徙过程中，原来残存的一些文物图籍又散失了十之五六。而寄居绍兴钟氏家时，又遭窃贼，除悬赏得回小部分外，余物已失十之七八，仅存"一二残零不成部帙书册，三数种平平书帖"而已。次年正月又至杭州。绍兴四年八月为《金石录》写《后序》。

《后序》以记易安夫妇搜访古器图籍事为中心。当赵明诚尚在太学时，辄"质衣，取半千钱，步入相国寺，市碑文果实。归"，及"出仕宦，便有饭蔬衣练，穷远方绝域，尽天下古文奇字之志"，经过"日就月将，渐益堆积"。同时，他们还借助赵挺之政治权势的便利，通过亲友不断从馆阁中"尽力传写""亡诗逸史、鲁壁汲冢所未见之书"。他们偶或遇见"古今名人书画，三代奇器，亦复脱衣市易"。通过这些不同渠道，积累日增，加以赵明诚出任地方官后，上有俸给收入，下有租税可取，夫妇二人又在生活上力求俭素，"食去重肉，衣去重采，首无明珠翡翠之饰，室无涂金刺绣之具"，不仅有单种庋藏，而且还访搜"字不刓缺，本不讹谬者……储作副本"，以致家中到处都是图书，"几案罗列，枕席枕藉"，"盈箱溢箧"，所以又不得不建立个人藏书管理制度，在"归来堂起书库大橱，簿甲乙，置书册。如要讲读，即请钥上簿，关出卷帙"。不幸的是这些历经数十年搜求积累的书画古器，一则青州十余间之储竟被金兵毁为灰烬，二则夫妇南下流徙中又散亡被窃，丧失殆尽。这不仅使李清照有"得之艰而失之易"的感叹，也是中国文化积累史上的重大损失。

《后序》所记夫妇闺房情趣格调高雅，不同流俗。即如久为人知的《浮生六记》，虽细腻有致，但失之纤巧，不过小家儿女，《后序》所记则落落大方，自有大家风范。他们结褵之初，质衣市碑文果实，夫妻"相对展玩"，共同过着时人憧憬的悠闲恬静生活。中年以后，他们由欣赏而进入辛勤治学的境界，"每获一书即共同勘校，整集签题，得书画彝鼎，亦摩玩舒卷，指摘疵病，夜尽一烛为率，故能纸札精致，字画完整，冠诸收书家"。但在严肃治学中也时有高雅情趣以遣兴，"每饭罢，坐归来堂，烹茶，指堆积书史，言某事在某书某卷第几页第几行，以中否角胜负，为饮茶先后。中即举杯大笑，至茶倾覆怀中，反不得饮而起，甘心老是乡矣"。这段文字洗练明晰，一如闻声见人。逸兴遄飞，令人神往。以茶角智力也反映了宋代"斗茶"风习的影响。宋朝是非常讲究"茶道"的朝代，上起皇帝，下至士大夫，无不好此，并著书立说加以理论化，如宋徽宗撰《大观茶论》、蔡襄撰《茶录》、黄儒撰《品茶要录》……社会上一些文人雅士中也流行一种"斗茶"的生活情趣。[1]从李清照的诗词和赵明诚的题跋中都不止一处提到茶。可见李清照夫妇之娴于"斗茶"技艺，因而在比赛彼此记忆力时也自然地接受了"斗茶"风习的影响。以饮茶为嬉戏也可见夫妇间形影不离的和谐欢畅。以这种细节刻画夫妇间的情深意浓已达到了入微的程度。

《后序》在篇首即对《金石录》的编撰之始做了简括的题识，揭示《金石录》三十卷"取上自三代，下迄

---

[1] （明）许次纾：《茶疏·今古制法》条说："蔡君谟诸公，皆精于茶理，居恒斗茶"，可见"斗茶"需精于茶理，即善于选茶、烹茶、分茶等技艺，颇类乎现在日本的"茶道"。

五季，钟、鼎、甗、鬲、盘、匜、尊、敦之款识，丰碑大碣、显人晦士之事迹，凡见于金石刻者二千卷，皆是正讹谬，去取褒贬，上足以合圣人之道，下足以订史氏之失者，皆具载之"。篇尾则记《金石录》定稿状况说："装卷初就，芸签缥带，束十卷作一帙。每日晚，吏散，辄校勘二卷，跋题一卷。此二千卷有题跋者，五百二卷耳。今手泽如新，而墓木已拱，悲夫！"这段文字虽是侃侃而谈夫妇二人的治学成果，但也流露出李清照对赵明诚英年早逝的悲痛心情，睹物怀人，令人潸然。合观首尾所记又不啻为《金石录》之解题。

《后序》也表达了易安的胸襟开阔。她自嘲对古器图籍爱好与迷恋其他东西同样都是玩物的行为，并发出感叹说："呜呼，自王播、元载之祸，书画与胡椒无异；长舆、元凯之病，钱癖与传癖何殊。名虽不同，其惑一也。"[①] 因而对其收藏的亡失也以"有有必有无，有聚必有散，乃理之常。人亡弓，人得之，又胡足道"以自

---

① 王播为唐王涯之误。王涯历事德宗至文宗六朝，喜收藏书画，后被宦官仇士良杀害，并从夹墙中搜出珍贵书画，画轴金玉被掠而书画弃置；元载，唐代宗宰相，后获罪抄没家产时仅胡椒就有八百石。此二句意即书画与胡椒虽雅俗不同但对其嗜好相同。长舆是晋人和峤的字，性吝好财，有"钱癖"之讥，元凯是晋杜预的字，自称有"《左传》癖"。此二句意即钱与《左传》虽性质不同，但爱好成癖则是同一的。

解，反映了李清照在晚年曾经沧海后，达人知命的人生坦然态度和洞察世态的识见。诚如清初顾炎武所推崇的那样："读李易安题《金石录》引王涯、元载之事，以为有聚有散乃理之常。人亡人得，又胡足道？未尝不叹其言之达。"

总之，《金石录后序》是李清照曲折坎坷一生的陈诉，也是国破家亡的血泪倾吐。至于文字笔墨尤能详略得宜，跨度三十余年而概括恰当，不失要领。清人李慈铭于前人少所许可，而称此文为"叙致错综，笔墨疏秀，萧然出町畦之外，予向爱诵之，谓宋以后闺阁之文，此为观止"，可惜如此佳构一直为其词名所掩。清代学者俞正燮《易安居士事辑》、近人黄盛璋《李清照事迹考辨》，多引据《后序》而有所补苴缀辑、敷衍订正，弘扬《后序》，不失为易安之功臣。

满门忠烈的谢枋得

南宋末年,元兵大举南下,宋朝兵将奋起抵抗。许多人宁死不肯背叛宋朝,谢枋得就是其中的一个。

谢枋得字君直,信州弋阳(今江西弋阳)人。他为人豪爽,非常痛恨当朝的误国权贵。宋理宗宝祐四年(1256),谢枋得举进士。他在对策中批评贪纵淫恶的右丞相丁大全,考官对他很赏识,打算将他列为第一甲第一名。可皇帝却不喜欢他的议论,结果发榜时,他名列第二甲第二名,授官抚州司户参军。谢枋得因为自己的言论不被采用,所以没有去上任。他对皇帝的昏聩和朝廷的黑暗很失望,写了一首诗表达他的心情,其中有几句是:"天地有心扶社稷,朝廷无意得英豪。早知骨鲠撄(触犯)时忌,何似山林道迹高。"他感到报国之路坎坷不平,如重山在前,于是给自己的读书堂起名叫"叠山",所以当时人都尊称他为"叠山先生"。

不久,江东安抚留守吴潜调谢枋得前往抗元。谢枋得组织了一万多人的民兵，保卫饶、信、抚三州。当时，谢枋得曾支取官府钱粮作军饷。元军退后，宰相贾似道大搞"打算法"，以军兴时诸将支取官物为"赃私"，追取赃钱。有的下狱，有的罢官，打击了一大批地方统军官帅，谢枋得也是其中之一。

宝祐五年（1257），谢枋得到建康应试。试文中说贾似道当政，误国害民，这样下去，元兵来时，一定要亡国。有人把他的文稿给贾似道看，贾似道给他罗织罪名，说他居乡不法，与元兵作战时冒领官府财物，还诽谤上官，于是贬官到兴国军。

宋度宗咸淳三年（1267），谢枋得出任信州知州。第二年年初，原来同谢枋得是朋友、后来投降元朝的吕师夔导元兵进攻江东，威胁信州上缴衣服、粮食给元军。谢枋得回答说："信州的米是供大宋太皇太后、皇帝吃的，信州的绢是给大宋太皇太后、皇帝穿的，我虽然曾经和你是朋友，但决不能给你。今后你我见面，唯有厮杀而已！"他派张孝忠与元兵在团湖坪大战，张孝忠中箭身亡。接着，信州失守。谢枋得改名换姓，隐藏在建宁唐石山中。他目睹国家将亡，心里充满悲愤，每天痛哭不已。后来，他到建阳为人占卜度日。有些百姓知道他是谁，经常把他请到家里教子弟读书。1279年元灭南宋后，谢枋得就在福建住下来。

元世祖至元二十三年（1286），集贤学士程文海向朝廷推荐二十二名宋朝旧臣，以谢枋得为首。谢枋得坚辞，不肯到元朝做官。第二年，元福建行省丞相忙兀台又亲自去请他，他仍不肯出任。至元二十五年（1288），元朝廷又派人召谢枋得，谢枋得说："我已经六十多岁了，只希望一死，再没有别的志向！"这时，福建行省参政魏天祐见到朝廷急着访求人才，很想用推荐谢枋得来立功，便派谢枋得的一个朋友去说服他，谢枋得把这个人痛骂了一顿。此人见游说不成，强拉他去见魏天祐。谢枋得在魏天祐面前傲然直立，不和他见礼。魏天祐问话，他也不回答。魏天祐气得不行，令人把谢枋得押送到京师。

至元二十六年（1289）四月五日，谢枋得被押到京师，安置在悯忠寺。陪伴他的人领他去看文天祥殉国的地方。谢枋得说："当年文天祥与我同中进士，我如能和他同死一处，也是我的幸事啊！"他又见悯忠寺中立有曹娥碑，挥泪读之，说道："像这样一个小小的女孩子，尚能为义而死，我还能不如曹娥吗！"于是绝食数日身亡。

谢枋得的伯父和两个堂兄弟都死于抗元战争。谢枋得死后，他的母亲带着孙子避居远方，无一怨言。别人问她,她说:"我儿为国尽忠,死得其所。"因此被当时人称为"贤母"。谢枋得的妻子李氏,在谢枋得兵败后带着两个儿子躲在山中。元兵追至,声称如不得李氏,就要把当地夷为废墟。李氏说,怎么能为我连累无辜百姓呢!毅然出来就俘,被囚建康狱中。李氏长得很漂亮,又善写诗文,宣慰使廉下默看上了她,要娶她为妻。李氏知道硬扛不行,于是假装应允。婚礼的前一天,自缢于狱中。

谢枋得满门忠烈,在国破家亡之际,都能恪守臣节人伦,这是很值得尊重的。

碧海丹心郑思肖

明崇祯十一年（1638），吴中（今属江苏省）地区久旱乏水，百姓汲水奔走于道。十二月十二日这一天，人们寻水来到吴县（今苏州市）承天寺里。在一口眢井中，发现了一个大铁盒子，上面已布满了厚厚的尘土，打开之后，内有手稿一册，名曰《心史》。外写"大宋铁函经"，内书"大宋孤臣郑思肖百拜封"十字。郑思肖是谁？他怎么把书藏到这里呢？

郑思肖，字忆翁，别号所南，连江（今福建连江）人，生于南宋理宗淳祐元年（1241），是宋元之际一位很有民族气节的爱国诗人和画家。他的祖父郑咸做过枝江（今湖北枝江西南）县的主簿。父亲郑震，是一位很有正义感的学者，担任过安定、和靖二书院的院长。在得知佞臣郑清之再度为丞相时，亲临其门，高声骂道："你这个端平（1234—1236）时期的败相，怎敢再次败坏天下？"因此全家被捕入狱。

郑思肖兄妹二人，从小父母要求他们很严格。行坐寝食，无一事一时而不教，尤其是他父亲的高贵品质，对他们兄妹影响很大。郑思肖少年有志，聪慧超人，行为奇异。二十岁左右，考入了当时的最高学府——太学，并且名列优等。为了服侍父亲，他毅然抛弃了仕进的机会，寄居西湖侧畔，每日与四方名儒硕学交游，增广见闻。时值元军大举南下，宋廷腐败而无法抵挡。眼见祖国山河沦丧，人民惨遭蹂躏，郑思肖忧愤万分，跑到国都临安（今浙江杭州市），叩宫门上疏皇帝，怒斥尸位素餐者的弄权误国，要求革除弊政，重振国风，抵抗元军的进攻。由于他的奏折言辞激烈，切中时弊，触犯了当权者，所以未予上报。

南宋灭亡后，郑思肖十分悲痛，他要以文天祥为榜样，学习伯夷、叔齐，不食周粟，决心以一人之力，反抗元朝的统治，所以自称"孤臣"。有人笑他迂腐说："天下就缺少你这么个忠贞之人？"他回答道："所有的人都像我这样做，我们的国家、民族就有救了！"他认为在元人的统治下生活，简直是一种耻辱，所以决定改名换姓，终生不仕元。思肖就是这时起的名字，意思就是思念宋朝（宋朝皇帝姓赵，肖是赵字的构成部分），忆翁、所南都是这个意思。每年夏冬祭祀，他都到田野里大哭一场，然后向南叩拜。见到穿元人服装、讲蒙语的人，他就咄咄掩耳疾走。无论坐着还是躺下，从不面朝北方，以示不为元朝的臣民。题自己居室的匾额为"本穴世家"，因本字可拆成"大十"，将"十"置"穴"中，即为"大宋世家"。赵孟𫖯是宋朝宗室，著名书画家，当时名气很大，与郑思肖关系很好。后来，赵降元，并担任了元的官职，郑思肖恨他没有骨气，就与他断绝了来往。郑思肖擅长绘兰花。自南宋灭亡后，所绘兰花全不画土和根，有人问他为什么，他说："土地都让番子夺走了，你不知道吗？"把爱国激情寓于画中。许多达官贵人求他绘兰，他坚决不肯，反而赠予平民百姓。有一次，本县知县向他求兰，他不肯画。这个知县知道他有土地，就威胁说："你不为我画兰，我就给你多摊派赋役。"郑思肖大怒道："我头可断，兰不可画。"这个县官最终也未能得到他的兰花图。郑思肖的奇行伟节，气贯长虹。

后来，他把家中大部分土地捐赠给了寺院，只留数亩，作为自己的衣食之资。并对佃客说："我死以后，这些土地归你们所有。"他终生未娶，孑然一身，大约三十五岁时，离家出走。从此，浪迹四方，遍游了吴地的名山、道观、禅院。四十年间，写下了大量的爱国诗文，编成《心史》一部，包括《咸淳集》一卷、《大义集》一卷、《中兴集》一卷，共计诗二百五十首，杂文四篇，前后自序五篇。当时这部书不可能刻印，所以他在晚年的时候，重缄封好，藏于承天寺枯井中。在这部书中，他字字血、声声泪地讴歌了南宋的爱国志士的忠烈豪举，痛斥了奸臣佞徒的丑恶行径，控诉了元军对宋人的蹂躏罪行，表现了自己爱国与忠贞的感情。如在《过徐子方书塾》诗中说："不知今日月，但梦宋山川。"在题《寒菊》诗中说："宁可枝头抱香死，不曾吹落北风中。"在《与友人书》中说："天下皆变，吾观其不变，惟其不变，乃所以变，其变者物也，不变者道也。"这个"道"，指的就是他的操守。又说："古人重立身，今人重养身。立身者，盖超乎千古之上；养身者，惜一粟以活微命，何足道哉！"他讲的立身也是指个人情操。他鄙视那些豺狼冠缨、贪官污吏。他深深地知道自己这样做，在当时民族歧视极其严重的情况下，有杀身的危险。但他炽热的爱国热情又不容他不吐露，正如他在《自序》中写道："月遇逆事相忤，尤觉气豪不自禁。非不知贼之刀锯之痛，然痛有甚于刀锯者，宁忍避一身微痛，不救天下至痛？时吐露真情，发为歌诗，决生死为国讨贼之志。"这是何等的悲壮！其忠肝义胆，足可千古称道。难怪近代学者梁启超，穷日夜之力读《心史》，每尽一篇，辄热血"腾跃一度"，并说："此书一日在天壤，则先生之精神与中国永无尽也。"元朝仁宗延祐五年（1318），郑思肖得了重病，他知道自己不久人世了，就把好友唐东屿叫到身边，嘱咐他说："我死之后，你替我写一灵牌。上写'大宋不忠不孝郑思肖'。"说罢而死，享年七十八岁。有《所南翁一百二十图诗集》、《郑所南先生文集》、《心史》等著作流传于世。存世画集有《国香图卷》、《竹卷》。郑思肖的爱国精神如水在地，似日行空。

誓死守节的方孝孺

"高官厚禄世人逐，富贵荣华诚羡慕。若为守节尽可弃，惊天泣鬼方孝孺。"这是对明朝初年著名学者方孝孺的颂赞。他为了忠贞守节，不肯臣服朱棣。虽临刀锯鼎镬，犹视死如归。其悲壮事迹，足以青史永垂。

方孝孺字希直，又字希古，宁海（今浙江宁海）人，生于元惠宗至正十七年（1357）。父亲方克勤，曾担任过济宁府（今属山东省）的最高长官，政绩显著，是一个著名的廉吏。方孝孺幼年聪颖，五岁能读书，六岁会作诗，每天读书超过一寸厚度方才睡眠。十三岁写得一手漂亮文章，其文风类似韩愈，所以乡人称他为"小韩子"。十五岁以后，随父亲住在济宁，边读书，边写作，并了解一些官场之事。十九岁时拜著名学者宋濂为师，是宋濂最得意的门生。宋濂说他是"百鸟中之孤凤"，其出类拔萃如此。他很有抱负，一心以治国平天下作为自己的志向，并不介意个人的贫困。有一次病中断炊，他依然学习不辍，家人说他是书呆子。他痴笑着说："古人还有一个月只能吃十来顿饭的。难道只我一人贫穷吗？"

洪武十五年（1382），方孝孺首次被人推荐给明太祖朱元璋。朱元璋很喜欢他的谈吐举止，但却说："此异人也。吾不能用，留待子孙为辅。"于是，以礼送他回乡。十年之后，他第二次被推荐给朱元璋。当时，朱元璋正严法酷刑整饬国家，而方孝孺则主张以仁德来教化天下，所以，仍然没有被任用，说："今非用孝孺时。"就把方孝孺派往汉中（今属陕西省）去做教师。方孝孺到达汉中以后，兢兢业业地教授学生，整日讲学不倦，学生们都非常喜爱他。藩王蜀献王听说他很贤能，就聘请他担任了自己长子的老师，很敬重他，将他的书斋命名为"正学"。因此，后来学者称他为"正学先生"。

朱元璋一共有二十四个儿子。长子朱标早亡，但是留有后代。1398年朱元璋病死，帝位由皇太孙朱允炆继承，年号"建文"，谥号"惠帝"。根据朱元璋遗命，召方孝孺为翰林院侍讲，第二年又升任侍讲学士。后来更改官制，又改称文学博士。惠帝年幼，但很喜欢读书，每有疑难，就请方孝孺讲解，所以，方孝孺就成了他的顾问。他也非常亲信方孝孺，国家各种大事，都征询方孝孺的意见，有时还让他在屏前批答群臣的奏章。当时编写的《太祖实录》及《类要》诸书，都由他担任总裁官。方孝孺受惠帝如此恩遇，发誓即使肝脑涂地，也在所不惜。

建文皇帝即位不久，叔父燕王朱棣（朱元璋第四子，即后来的明成祖）就起兵反抗。方孝孺积极支持建文帝平叛，成为惠帝手下制定策略的主要大臣，朝廷讨伐朱棣的诏书、檄文，都出自方孝孺的手笔。但他毕竟是个文人，不懂军事，而朱棣在随父灭元的过程中，早已成为一名出色的军事家和政治家了。所以，朝廷军队无法抵挡他的强大进攻。建文三年（1401）燕军攻陷了河北大部分地区。第二年五月燕军就到达了长江的北岸。方孝孺想利用燕军不擅长水战的弱点，在长江上与朱棣决战，没想到水军主帅陈瑄率领战舰，投降了燕王，使得燕军顺利渡过了长江，直逼都城南京。六月十三日南京陷落，明惠帝下落不明，方孝孺被捕入狱。

当燕王朱棣领兵南下时，他的主要谋士姚广孝对他说："城下之日，孝孺定不肯降。请勿杀他，若杀了他，从此天下无读书之人。"燕王答应了。所以，进入南京后，朱棣每天派人到狱中劝慰方孝孺，要他回心转意，为自己服务，并许以高官厚禄。可是方孝孺坚决不答应，多次商谈，都没成功。方孝孺已经决定："宁为短命全贞鬼，不作偷生变节人。"

燕王朱棣登基之前，特意从狱中召他前来起草诏书。他来到宫殿放声痛哭，朱棣从御榻上下来，安慰他说：

"先生不要自苦，我想学周公辅佐成王。"

"成王在哪里？"方孝孺问道。

"已自焚而死。"朱棣回答。

"为何不立成王之子？"方孝孺又问。

"国家应立长者为君。"朱棣又答。

"那么，为何不立成王之弟？"方孝孺再问。

这时，朱棣已经怒火中烧了，但还是压抑了一下，勉强回答道："这是我们家的事情。"他边回答边命左右拿来纸笔，递给方孝孺，方孝孺投笔于地，边哭边骂道："你这个篡夺侄子王位的强盗，败坏伦理的贼臣，不忠不孝的奸徒，我只有一死，这诏书坚决不写。"朱棣被他骂得面红耳赤，他恼羞成怒，吼道："你难道不顾及你的九族吗？"方孝孺也愤怒地喊道："便十族，奈我何？"满朝文武被方孝孺的行为惊呆了，变节投降的人无地自容，贪生怕死者觉得惭愧。朱棣愤怒之下，诛杀了方孝孺宗亲九族和门人一族，共八百七十余人。方孝孺被磔而死，临死前作绝命词道：

> 天降乱离兮孰知其由，奸臣得计兮谋国用犹。忠臣发愤兮血泪交流，以此殉君兮抑又何求。呜呼哀哉兮庶不我尤。

时年四十六岁。他著有多种著作，据《明史·艺文志》著录，经部有《周礼考次目录》一卷，《孝经诫俗》一卷，《幼仪杂箴》一卷，集部有《逊志斋集》三十卷，《拾遗》十卷以及和他人选编的《续文粹》十卷。今有《逊志斋集》一书传世。

天一明珠话范钦

浙江宁波的天一阁是我国驰名中外的一座古藏书楼。建阁的主人范钦是明嘉靖年间的进士，官至兵部右侍郎。阁的建成约在嘉靖四十年时（1561），距今已有四百余年。范钦由于自己对图书的爱好和凭借政治权势所聚集起来的七万多卷图书就贮放在阁中。

天一阁在我国古代的藏书史上一直闪耀着绚丽的光彩。藏书楼的命名和一排六间的阁楼结构，据说是采取了古书上所记"天一生水，地六成之"的说法。这虽然近于迷信，但也可以见到阁主人在创建时已注意到防火问题。不仅如此，防潮、防蠹等典藏图书的措施也受到一定的重视。天一阁主体建筑宝书楼的各书柜下面都放着一块块石灰岩性质的石头，这原来是用以吸潮的设置。它虽然没有现代吸潮器那么科学，但吸潮以保护图书的道理显然已为我们前人所理解。范氏又据古书记载，采用了芸草防蠹法，取得了一定的成效。据传说，宁波有一嗜书成癖的钱姓女郎，因仰慕芸草辟蠹的功用，常手绣芸草数百本，并更名绣芸。她为能亲见天一阁用芸草防蠹的真相，便委身嫁给范氏子弟，结果仍以格于妇女不能登楼的禁例而不得见，终于郁郁而死。钱女的行为似乎近于痴骏，但她的爱书精神确足感人至深，实可使那些任意践踏毁坏图书者大有愧色的。

天一阁的建造设计颇具匠心。主阁宝书楼为二层，楼下隔成六间，楼上悬有明人王原相所书宝书楼匾额，用书柜隔成六间。楼前有蓄水池，也是一种防火设置。清康熙四年，范钦的曾孙范光文又在阁楼前后利用山石的奇形怪状堆砌成"九狮一象"等生动形态，并植竹养鱼，使藏书楼周围增添了江南园林的美色。正由于它把藏书的幽雅和园林的清丽很好地结合一体，才引起了附庸风雅、好事多趣的乾隆帝的重视。当他为了典藏《四库全书》而兴建南北七阁时就曾谕令浙江地方官吏绘呈阁图作为蓝图。

随着范氏宗族的衰败，阁楼园林也日趋荒落。直到1933年，始有当地人士集资维修，并将文庙的尊经阁和有关当地（明州）文献的一批宋以来的碑版移建园中。这批碑刻文物镶绕在尊经阁的墙垣上，被誉为"明州碑林"，是有关宋元以来宁波（明州）的历史资料。可惜有的由于风雨侵蚀而字迹漫漶，有的整片剥落，了无字迹。这实在是地方文献的一种损失，亟待采取一定的保护和抢救措施。

范钦非常珍惜自己的藏书，订了严格的禁例，其中"代不分书，书不出阁"的规定是他主观上希望图书免于流散的一种措施，也是封建士大夫"子孙宝之"的狭隘自私心理的反映。可是，事物的发展往往不取决于主观愿望。经历乾隆皇帝开四库馆时的勒取、英国侵略者在鸦片战争时期的掠夺、不肖子孙的盗卖以及虫蛀水渍等，到新中国成立之初，园林已成荒草污水，精刻善本不是水渍无法揭开，就是蠹蛀得千疮百孔，零零落落只剩下原藏书量的五分之一——大约一万三千余卷。这一现实无情地嘲笑了范钦，后经政府多次拨付专款维修、恢复，才使这座古藏书楼和它的藏书虽历经多劫，犹不致如海源阁藏书之毁于军阀匪徒之手、皕宋楼藏书之为外人捆载而去，而是得到了比较正常的发展。目前已有三十万卷藏书，比创建时增加了四至五倍。其中善本精刻有八万卷之多，"明州天一富藏书"，已经不是虚誉了。我于1980年春天亲临其地时，又见到政府已在原阁右后方兴建一座具有江南楼阁特色，并和原阁风格协调，总面积达九百多平方米的新阁。工人们在积极施工，加意雕饰，工程已进入后期。新阁建成，多年沉睡的载籍将苏醒过来得到整理与应用！

天一阁庋藏宋元以来刊本、抄本和稿本，而明刻尤为突出。明代登科录和地方志的收藏成为该阁的特色。明代登科录若能加以利用改制，不失为查阅明人的工具书。阁主人范钦的简历就在登科录上。明代地方志二百余种更为地方文献珍品，未印部分大可考虑刊行。另外藏版一千余块，亦可见到明代雕版工艺的水平。范钦之能注重当时文献加以收集保存，确是具有卓识。在新征集的图书中，不仅有早年流失的阁藏复归故园，而且还有浙东名家黄宗羲、万斯同和全祖望等人遗著和《明史稿》稿本。园内千晋斋所存自汉至清的千余块刻砖（因晋砖居多，故名）和另室所存唐宋元明石碑三十余块也都是珍贵的文物。

天一阁以其所藏珍籍文物得到人们像"明珠"般地护持，但更重要的应该是发挥它蕴藏着的资料作用。我衷心祝愿这颗"明珠"发出更加照人的光彩！

大义斥奸的杨继盛

在我国历史上,有一味献媚害人的逸徒,也有始终疾恶如仇的诤臣。明朝嘉靖时期的杨继盛,就是一个敢言人所不敢言的异人。他耻与恶人为伍,敢于犯颜强谏,虽身陷囹圄,仍矢志不渝,使得美名传扬。

杨继盛字仲芳,别号椒山,容城(今河北容城)人。七岁丧母,庶母待他很恶。一天,他见邻里小儿读书,也想学习,就跑去对他哥哥讲了自己的想法。哥哥不同意,经杨继盛百般争求,才勉强答应他在不停止牧牛的情况下,读书学习。家境贫寒,读书的机会又来之不易,这使幼小的杨继盛更加刻苦攻读。后经乡试,考入了当时的最高学府——国子监,以优异的成绩完成了学业。嘉靖二十六年(1547)举进士,授任吏部主事,负责官吏任免、考课、调动等事务。他还通晓音乐,曾亲手编制过音乐律制。

这时正是明朝的中后期,国家已呈现出一派衰微的景象：政治上官吏腐败，弊端丛集。经济上剜肉补疮，财政拮据。而且，边患不断。嘉靖二十九年（1550）北方蒙古族鞑靼部首领俺答汗率军南下，明军一触即溃。俺答兵很快地就到达了北京城下，他们烧杀抢掠，日夜不绝，蹂躏京畿达八日之久，方才退兵，广大人民遭受了巨大的损害。这就是明史上的"庚戌之变"。当时，身为大将军、握有重权的仇鸾，反而讳败冒功，被加封为太子太保。仇鸾为了保住自己的地位，一边邀功固宠，一边请求与俺答贸易，用丝帛换取马匹，遭到了杨继盛的坚决反对。他出于民族义愤，憎恶仇鸾卑鄙无耻的行径，上书明世宗，提出与俺答互市有"十不可"和"五谬"的意见，并要求惩办提倡互市的人。嘉靖皇帝命几位大臣议论此事，仇鸾挥着胳膊向杨继盛骂道："你这小子不知俺答的厉害，应当让你去较量较量。"他给杨继盛罗织了许多罪名，密奏嘉靖皇帝，杨继盛就这样被下狱审问。终因证据不足，没有定罪，但贬为狄道（今甘肃临洮）典史。这个地方民族众多，偏远未化。杨继盛一到这里，便先办教育。聘请教师，卖掉自己的坐骑和妻子的服饰，买下田地，以资助学生。另外，他还和解了各民族之间的关系。该县有一煤山，被番人把持，村民砍柴需到两百里以外的地方，很是不便。杨继盛得知此事，招来番人，晓以大义，要求他们允许村民在此挖煤。番人被杨继盛诚挚、远见的话语所动，便说："杨公即使要我们的帷帐都可以，更何况煤山呢？"由于杨继盛理民有方，使该地和睦井然，当地人也很尊敬他，称他为"杨父"。

俺答和明朝友好不久，又撕毁盟约，入内地骚扰。仇鸾贿赂俺答的奸情败露，革职后忧惧而死。嘉靖皇帝想起了杨继盛，于是提升他当了诸城县（今山东诸城）的知县。一个月后，调到南京任刑部员外郎。这时，正值大奸臣严嵩专权。他贪污受贿，结党营私，陷害忠良。因杨继盛曾弹劾过仇鸾，严嵩又与仇鸾有宿怨，所以，他想拉拢杨继盛，为己所用，就提拔杨继盛到兵部武选司任职。可杨继盛疾恶如仇，不买他的账。上任才一个月，就弹劾严嵩十大罪状、五大奸情。这如同晴空响了一声霹雳，一时间，朝中鼎沸，议论纷纷。

在奏折中，他提到了裕王、景王，使明世宗大为震怒。这两个人是明世宗的儿子，可明世宗不喜欢他们。严嵩借此火上加油，于是杨继盛又被捕入狱。当问他为什么要提裕、景二王时，杨继盛回答说："他们俩可以作证，别人都惧怕严嵩。"结果，打了杨继盛一百杖，下刑部定罪。在行杖刑之前，有人送给杨继盛蚺蛇胆，他说,"我自己有胆,要蚺蛇胆干什么!"此后,杨继盛被关押了三年。入狱后,杨继盛伤口开始腐烂,半夜,他疼得醒了过来,便打碎了一个瓷瓶,用碎瓷片割去腐肉。腐肉割尽,他又割去了挂在外面的筋。狱卒举灯在一旁看到了这番情景,手直打战,手中的灯几乎坠落,而杨继盛气色如常。在定罪时,由于刑部侍郎王学益是严嵩的死党,秉承严嵩旨意,要定杨继盛死罪,但刑部郎中史朝宾反对,严嵩便将史贬到外地为官。刑部尚书何鳌再也不敢违抗严嵩旨意了,就按严嵩的意图给杨继盛定了罪。但是,嘉靖皇帝暂时还没想杀掉杨继盛,所以,杨继盛便被长期囚禁。铁窗生活,更加磨砺了他的意志。

日月荏苒,三年过去了,有人想营救杨继盛。严嵩的党徒胡植等人惶恐地对严嵩说:"您要早作处理,养虎可为患呀!"严嵩说:"好吧!"这时,都御史张经、李天宠将被处斩,严嵩随即把杨继盛的名字也报了上去。明世宗盛怒之下批复同意。杨继盛的妻子听说后,伏阙上书,要求代夫被刑,严嵩私下扣压了她的奏请。嘉靖三十四年(1555)十月,杨继盛被斩于南京西市,享年四十岁。临刑时赋诗道:"浩气还太虚,丹心照千古。生平未报恩,留作忠魂补。"

曹学佺与儒藏

曹学佺，字能始，号石仓，福建侯官（今福建闽侯）人。明万历二年（1574）生，清顺治四年（1647）卒，享年七十四岁。他在明万历二十三年成为进士后即授职户部主事，后因事调往南京添注大理寺左寺正。这是一个无事可做的冗官。在仕途进身上难于腾达，却给他学术上以充分的时间。他在任七年，全力置身于学术，奠定了深厚的基础。后升迁为南京户部郎中、四川右参政和按察使，因为拒绝蜀藩的过分苛求被免职。天启二年，重被起用为广西右参议。六年秋，迁陕西副使，尚未启行，因所著《野史纪略》秉笔直书明末梃击案始末，揭露了这一政治大案的真相，为阉党所忌。逢迎者刘廷元便以"私撰野史，淆乱国章"的罪名诬陷他，广西大使以曹将得大祸，遂扣留待罪，连推荐他的按察史王政兴都被勒令闲住，后因未追究，方被释还乡。崇祯初年，曾起用为广西副使，不就。曹学佺利用家居近二十年的时间，在所居石仓园中一意读书著述，并利用藏书撰成《石仓十二代诗选》，盛行于世。明朝北京政权灭亡后，唐王自立于福建，授曹学佺为太常卿。不久，迁礼部右侍郎兼侍讲学士，进授尚书，加太子太保。这本是他发挥才能的机会，但大势已去，唐王在清兵大军压境的情况下失败。曹学佺逃入山中，鉴于无力挽回败局，遂自缢而亡。《明史》本传记其事。

曹学佺一生好学嗜书，搜集典籍数万卷，贮藏在其藏书楼"汗竹斋"中，并自编《汗竹斋书目》。与红雨楼主人徐㷆并称为福建两大藏书家。徐曾评其藏书是"丹铅满卷，枕籍沉酣"。这一评语正可作为曹氏不仅富于藏书，好学不倦，并能勤于校勘的明证。

曹氏的藏书思想也很值得注意。他沉浸典籍日久，深以佛、道二氏有"藏"，而以儒家独无"藏"为憾。曾慨叹说："二氏有'藏'，吾儒何独无？"准备用丛书的方式，纂修一套儒藏，与佛、道二藏成鼎立之势。于是采撷四部，按类分辑，前后经过十年，遇明室覆灭的变乱，书未成而中辍。儒藏之事虽未成，但立儒藏的思想却对保存典籍、便利学人有益，对藏书建设与藏书史的进一步研究有所贡献，而其影响更及于后世。清乾隆时学者周永年为便于典籍的集中公开，曾以曹氏儒藏思想为据而著《儒藏说》，并进行了部分实践。虽也没有完全成功，但是，《四库全书》的编纂大业，无疑受到《儒藏说》的一定启示。世人谈及《四库全书》之编纂，每每归功于周氏之《儒藏说》，而鲜及曹氏之创意，似欠公允。

曹氏一生致力于藏书，更以其丰富藏书，进一步深研目录之学。当他任职四川时，即采辑川人著述，写成提要，叙作者生平及所著内容，并录其序跋，成《蜀中著作记》十二卷（现残存四卷），为编制地方文献专目树一典型。曹氏又深通经学，曾著有《易经通论》、《春秋阐义》等。复长于诗文，其诗有朴茂深远之誉，为明末闽中一大家，对倡导福建文风，颇著作用。所作诗文甚多，总名为《石仓集》，传之于世。

行己有耻的顾炎武

顾炎武，原名绛，明亡后改名炎武，字宁人，自署蒋山傭，学者称为亭林先生，江苏昆山人。生于明万历四十一年五月二十八日，卒于清康熙二十一年正月初八。

顾炎武是明末清初与黄宗羲、王夫之齐名的大思想家和学者。他在清代学术界享有独特的地位，被梁启超称为"清学开山"。他的成就，表现在三个方面。其一是提倡做学问应"经世致用"，反对宋明理学空谈"心、理、性、命"，开清代朴学的学风。其二是"实事求是"的治学方法。顾炎武治学，谦虚谨慎。他不仅下苦功夫勤奋搜集资料，而且不耻向人请教，发现有错，立即改正，不护前失。尤其是他常通过自己的亲身经历来求实证，为后来乾嘉考据学派所不及。其三是他参证经训史迹，重视音韵，述说地理，精研金石文字，为后人开辟了广阔的学术途径。他一生留下五十多种著述，其中《日知录》、《音学五书》及《天下郡国利病书》等是不朽的学术名著。

顾炎武为人治学以"博学于文"、"行己有耻"为宗旨。所谓"博学于文"的"文",并非仅仅指文章而言,因为"自一身以至于天下国家,皆学之事也"。在顾炎武看来,立身处世,待人接物,以至于天下国家,"皆学之事也",都是"博学"的对象。"行己有耻",便是做人要保持人格的尊严。顾炎武认为,人格不立,做一切学问都是废话。他认为做人最忌圆滑,最重要的是保持方严。顾炎武提出"博学于文"、"行己有耻"的为人治学宗旨,是针对宋明以来学者动辄教人以明心见性、超凡入圣而来的。这些人大多将书本束之高阁,而拿着几本朱程语录,滥唱高调,自欺欺人,不仅对"经世致用"的学问一窍不通,而且行为往往放荡而失检点。明末国难当头,他们不能救国家于危难之中,面对异族入侵,只能束手无策,有的甚至还成为屈膝投降的无耻之徒。顾炎武痛恨宋明以来这种不切实际的虚玄学风。他认为:读书人不把耻字放在首位,则为无本之人。如果不好古而多闻,就是空虚之学,以无本之人而讲空虚之学,那将离正道愈来愈远了。

顾炎武一生的学术特色,以"博学于文"四字概括,最为恰当。他从十一岁起,便苦读《资治通鉴》等史书。他为纂辑《天下郡国利病书》,共阅读了一千多部书籍。其勤奋好学，正如他的弟子潘耒在《日知录序》中所说："先生精力绝人，无它嗜好，自少至老，无一日废书。"顾炎武治学严谨，尤重搜集材料，他曾把积累原始资料比作"采山之铜"，意即非极其用功不可。他作《音学五书》，其中为证明"行"古音读若"杭"，他列举了三百六十四条证明材料，还附加了对相异情节的分析，可见他的严谨学风。他不仅注重书本知识，还重视实地调查，足迹遍天下，所到之处，结交贤豪长者，考察山川风俗，疾苦利病。清初学者全祖望曾说："先生所至，呼老兵逃卒，询其曲折，或与平日所闻不合，则即坊肆中发书而对勘之。"顾炎武在著述工作中，以道德为重，当发现古人已先我而有，就删削掉。他著述审慎而且虚心，弟子潘耒请刻《日知录》。他觉得自己读书太少，见闻不够，要再等十年。他还常拿自己的著作向人请教，一得到别人的指正，便欣喜不已。他说："人之为学，不可自小，又不可自大……自小，少也；自大，亦少也。"他一生做学问便这样不骄不躁，勤奋不已。

顾炎武一生，时时未忘"行己有耻"。对他一生品行影响最大的是他的嗣祖和嗣母。他嗣祖自幼严格督导他勤奋好学，并告诫他做学问要"经世致用"，断不可虚浮。他嗣母是一个典型的贞孝女子，有些学问，常拿爱国人物的爱国事迹激励他。清兵入关，她绝食而死，遗嘱要顾炎武"弗事二姓"。此事对顾炎武震动很大，他终生严守母训，绝不仕清。

康熙十七年（1678），清朝特列"博学鸿儒科"，征召海内名儒，顾炎武当时名满天下，时人多推荐他，但他坚辞不出。后清朝开《明史》馆，两度请他撰修《明史》，他都拒绝。他给《明史》馆总裁叶方蔼的信中说："七十老翁何所求？正欠一死，若必相逼，则以身殉之矣。"他以死相拒，以全志节。

顾炎武评述自己生平说："某虽学问浅陋，而胸中磊磊，绝无阉然媚世之习。"他是南方人，游历北方二十多年，结交学术名流和抗清志士，绝不趋炎附势于豪门贵族。他为人方正，常以"松柏后凋于岁寒，鸡鸣不已于风雨"来自勉。人格中，他最重一个"耻"字，他说："礼义廉耻是谓四维，四维不张国乃灭亡……然而四者之中耻为尤要。故夫子之论士曰行己有耻。孟子曰：'人不可以无耻，无耻之耻，无耻矣。'又曰：'耻之于人大矣，为机变之巧者，无所用耻焉！'所以然者，人之不廉而至于悖礼犯法，其原皆生于无耻也，故士大夫之耻谓之国耻。"所以，顾炎武向来严格要求自己。他身处明末那种风气腐败的社会，却能出污泥而不染。

他的外甥徐乾学、徐元文年少时由他抚养和教育。后来他们都做了清朝的大官，要迎顾炎武南归安度晚年，顾炎武无论如何都不肯。有一次徐氏兄弟请他吃饭，入座不久，他便要起身回住所。徐氏兄弟请求他吃完饭以后张灯送他回去，他正色道："世间惟有淫奔、纳贿二者，皆于夜行之。岂有正人君子而夜行乎？"他用这种讥刺的口吻拒绝徐氏弟兄的接待。他甚至对居住的地方，也要经过一番选择。他晚年之所以居住在陕西华阴，就是因为"秦人慕经学，重处士，持清议，实他邦所少"。

顾炎武是极有气节的爱国者，他亲自参加过抗清斗争。对图求荣华富贵而屈膝投降的民族败类，顾炎武不屑一顾。他曾因财产纠纷而入狱，降清官僚学者钱谦益想借顾炎武的名声粉饰自己，说只要顾炎武发他一张门生帖子，他便可以帮忙让顾炎武出来。顾炎武的好友归庄救友心切，便私下里给他一张。顾炎武知道后，立刻索取，并说若钱不退还，他便要四处贴通告声明真相。顾炎武宁肯坐牢，也不愿让一个士林败类破坏自己的声誉。

顾炎武虽与清朝统治者采取不合作态度，但他并未忘记关心人民生活疾苦。他确信改造社会，是学者的天职，所以他说"匹夫之心，天下人之心也"。也就是今天所说的"天下兴亡，匹夫有责"。他一生著书立说，都是致力于此。他早年编的《天下郡国利病书》便是要探讨"民生之所以日贫，中国之所以日弱而趋于乱"的原因，至于撰写《日知录》，也是为了能经世致用。

顾炎武的一生不只限于"博学于文"，更值得钦敬的是他的"行己有耻"的品格。他不仕清朝，甚至拒绝一些征聘性的学术工作和在清朝居高位的亲外甥的款待。但他绝不避世遁居，仍然积极周游山川要隘，结合文献记载，做"经世致用"的学问。他不仅以"行己有耻"严格要求自己，而且还以此勉励友人。顾炎武的明耻品格将与他的学术造诣并辉于人间，为后学树立楷模。

〔附〕
顾炎武与徐乾学

顾炎武是明清之际的著名学者，于政治、经济、经史、舆地、金石诸学无不贯通。他力倡实学，注意研究历史与现状,并漫游各地,作实地考察,与文献相参稽印证,开有清一代朴学学风。他注意操守,谦抑自持,学习同时代学人的长处,且不以己之长攻人之短。他曾写过一篇《广师论》以明志。在《广师论》中,他把自己和当时著名学者作了一番对比说:

> 学究天人,确乎不拔,吾不如王锡阐;读书为己,探赜洞微,吾不如杨雪臣;独精三礼,卓然经师,吾不如张尔岐;啸然物外,自得天机,吾不如傅山;艰苦力学,无师而成,吾不如李容;险阻备尝,与时屈伸,吾不如路安卿;博闻强记,群书之府,吾不如吴任臣;文章尔雅,宅心和厚,吾不如朱彝尊;好学不倦,笃于朋友,吾不如王宏撰;精心六书,信而好古,吾不如张弨。

王锡阐、傅山、吴任臣、朱彝尊等人都是当时一流学者,至今犹在学术史上占有重要席位。顾炎武在这篇《广师论》中,以人之长校己之短的谦抑态度,迥然有别于以己之长攻人之短的"文人相轻"的恶习,表现出一种"文人相亲"的气度。这就无怪乎晚清文人陈康祺要把此文引入其所著《郎潜纪闻》卷八,并按其事而感叹云:"今乡里晚学,粗识径涂,便谓朋辈中莫可与语,志高气溢，宜其尽矣！"这段话堪称确评。

但是，顾炎武不与清政权合作的立场非常明确。即使与自己的亲外甥、时任清政府高官的徐乾学弟兄，也很少走动。有一次，徐乾学坚邀舅舅到家中做客，他无奈地去了，但拒绝饮宴，以表示不食清禄之义。不过他对徐氏弟兄的态度还是有区别的。小外甥徐元文是顺治状元，官至文华殿大学士，人品口碑尚好，所以顾炎武曾勖勉徐元文说："有体国经野之心，而后可以登山临水；有济世安民之略，而后可以考古论今。"这是顾炎武的一生抱负，期望小外甥能深体此意。但对大外甥徐乾学则疏远得很，甚至很有些鄙弃之意。乾学乃康熙进士，官至刑部尚书，藏书甚富，有《传是楼书目》行世，名气比元文大，但人品欠佳，热衷利禄，阿谀权贵。在清人杂著中时有所记。乾嘉时学者姚元之在其所著《竹叶亭杂记》卷四中曾记有徐乾学以家刻本《通志堂经解》，署权臣明珠之子纳兰成德（一作纳兰性德，字容若）之名行世一事，记云：

> 《通志堂经解》，纳兰成德容若校刊，实则昆山徐健庵家刊本也。高庙有"成德借名，徐乾学逢迎权贵"之旨。成为明珠之子，徐以其家所藏经解之书，荟而付梓，镌成名，携版赠之，序中绝不一语及徐氏也。

此段文字简短而有深意。容若一代词宗，竟然坐受虚谀，自污清名。健庵"携"、"赠"二字及序中不及徐氏一语之句，足见巧宦便佞。乾隆不失察察，直揭其隐，别有雅趣。元之秉笔直书，不愧桐城名笔。丑闻既达天听，群僚焉得无闻。徐乾学如此行径，无怪舅氏不齿其人。

乾隆时诗人董潮有记耳目见闻之书《东皋杂钞》，曾记及徐乾学罢官后急乞召还之丑态云：

> 昆山徐健庵司寇归田后，重谋起故官。事已效，俟诏命至即行，计重阳前数日必到。偶以他故稽迟，司寇日挟门客数人，登洞庭东山饮酒俟召，随以劳顿停滞得疾。比诏至，殁已数日矣。

徐乾学觊觎禄位，急切丑态，令人作呕。贪心未酬身先死，致使九泉蒙羞，后世讪笑。此不得不赞亭林之独具卓识，此甥固不肖也！

亦僧亦儒屈大均

屈大均，原名绍隆，或作邵龙，以出生地自号翁山，一号冷君。广东番禺人。明崇祯三年（1630）生，清康熙三十五年（1696）卒，年六十七岁。近人涂宗涛氏曾据《翁山诗外》撰《屈翁山生日考》一文，考订翁山生日为明崇祯三年九月初五日（1630年10月10日），全文载广东《学术研究》1980年第2期。

撰主为明诸生。清兵围广州时，削发为僧，法号今种，字一灵，又字骚余，时年二十一岁。他一生不仕清朝，时释时儒，为清廷所嫉。乾隆四十年十一月初十日上谕中曾"指斥"屈大均等的隐遁行为说："金堡、屈大均辈之幸生畏死，诡托缁流，均属丧心无耻。若辈果能死耶，则今日亦当在予旌之列，乃既不能舍命，而犹假语言文字以自图掩饰其偷生，是必当明斥其进退无据之非，以隐殛其冥漠不灵之魄。"

撰主性好游历，曾北游京师，周览辽东，西涉山陕，与顾炎武、朱彝尊、阎若璩、毛奇龄等都有往还。他是清初的岭南名诗人，王士禛曾称道他的诗作说："翁山之诗，尤工于山林边塞，一代才也。"

清初的另一位诗人杜濬（于皇）在所著《变雅堂文集》卷一有《复屈翁山书》，盛推屈氏风骨，称许他是鲁仲连之流，"有骨有识，足以继武古人"。

屈大均的生平，除自撰《生圹自志》（《翁山文外》八）外，《清史稿》卷四八九、《国朝先正事略》卷三八、《文献征存录》卷十及《清代学者像传》卷一都有他的传记，可供参读。

他所著的《广东新语》二十八卷是清人笔记中的名著，介绍了广东地方山川、物产、风俗、气候各方面的情况，极为详备。清初学者潘耒（次耕）为《新语》所写序言中曾说："考方舆、披志乘，验之以身经，征之以目睹，久而成《新语》一书。"可见翁山不仅从文献记载中搜辑，而且又经实地考核验证，然后写录，其可信程度自较一般耳食者为高。

潘耒又评论这部书的价值时说："游览者可以观土风，仕宦者可以知民隐，作史者可以征故实，摘词者可以资华润。视《华阳国志》、《岭南异物志》、《桂海虞衡》、《入蜀记》诸书,不啻兼有其美。"

这段话乍读似感对《新语》扬之甚高,然循读一过,又感到次耕确非虚谀。钮琇所撰《觚賸》卷八有《著书三家》一则,称赞《新语》说:"著书之家,海内寥寥。近惟《日知录》、《正字通》、《广东新语》三书,可以垂世。"钮氏以《正字通》相比,似拟于不伦,但却可见《新语》的初时所重,固不独次耕的称誉。

书前有自序,设为问答之词,叙述著书宗旨和缘由。翁山自称其书的始作是:"予尝游于四方,闳览博物之君子,多就予而问焉。予举广东十郡所见所闻,平昔识之于己者,悉与之语。语既多,茫无端绪,因诠次之而成书也。"

翁山复自述其书之所以名《新语》的缘由说:"吾闻之君子知新。吾于《广东通志》,略其旧而新是详。旧十三而新十七,故曰《新语》。"

这说明撰者系以厚今薄古的意趣,作《广东通志》的补篇。《广东新语》和翁山其他著述《翁山易外》、《皇明四朝成仁录》、《翁山文外》和《翁山诗外》,合称"屈沱五书"。

《广东新语》二十八卷列二十八语。即天、地、山、水、石、神、人、女、事、学、文、诗、艺、食、货、器、宫、舟、坟、禽、兽、鳞、介、虫、木、香、草、怪二十八类。各以类相归，辑录有关资料，虽间有诡异玄怪之说，但大部分可供参证。其涉及方面之广，内容采录之富，诚为地方风土著述中的上品。其记事之后常系以叙事诗，语赅意深，可称诗史。

《广东新语》不仅可供地方史研究之用，而其所记多偏于社会经济，对研究清初社会经济状况有足资取材之处。其于农业，尤重经济作物和特产，对莞香、蒲葵、甘蔗、龙眼、荔枝等的种植和经营都详其原委，如记顺德陈村情况说："顺德有水乡曰陈村……居人多以种龙眼为业，弥望无际，约有数十万株。荔枝、柑、橙诸果居其三四。比屋皆焙取荔枝、龙眼为货，以致末富。又尝担负诸种花木分贩之，近者数十里，远者二三百里。他处欲种花木及荔枝、龙眼、橄榄之属，率就陈村买秧，又必使其人手种搏接，其树乃生且茂。其法甚秘，故广州场师，以陈村人为最。"

又记经济作物的普遍生产说："广州诸大县村落中，往往弃肥田以为基，以树果木。荔枝最多，茶、桑次之，柑、橙次之，龙眼多树宅旁，亦树于基。"

书中对手工业的记载，如石湾陶业、佛山冶业等都借时谚所谓"石湾缸瓦胜于天下"和"佛山之冶遍天下"等来说明器物精良，遐迩畅销。

名产和特产往往引起贪吏的虎视，千方百计地勒取垄断以谋私利，陷民于水火。如记香柚之被勒取说："有香柚者出增城，小而尖长，甚芬郁，入口融化……近为贪令所苦。每出教，取至万枚，需金以代，今树亦且尽矣。柑亦橘之类，以皮厚而粗点及近蒂起馒头尖者为良。产四会者光滑，名鱼冻柑者，小民供亿亦苦，柑户至洗树不能应。"

广东地处滨海，物产阜丰，因之商业繁盛。广州便是一座"天下商贾聚焉"的名城，而濠畔街更是中外贸易的中心点。其繁华景象是："当盛平时，香珠犀象如山，花鸟如海，番夷辐辏，日费数千万金。饮食之盛，歌舞之多，过于秦淮数倍。"

繁盛的经济状态自然地加强了人际交流，推动了文化发展。这种经济优势不仅是旧岭南文化的沃土，也将是酝酿新岭南文化的肥壤。从《广东新语》中可以嗅出岭南地区新的文化信息。岭南文化在地域文化中能独具特色，自成格局，与其社会背景是有密切关系的。屈大均、陈恭尹、梁佩兰反映岭南风物的诗作，被称为岭南三大诗家的岭南诗派，伍崇曜辑岭南先哲遗著六十种，更深入地弘扬了岭南文化，而近代高剑父创建的岭南画派则以其独特风格驰誉中外画坛，又无一不与这块沃土有关。某种文化的出现与成形，如果缺乏一块适宜的土壤，那就不啻是一种缘木求鱼的蠢念。

由于贸易繁兴，利之所趋，地方官吏多利用搜刮所得插手其间，商人则凭借其多金而溷入官场，遂出现官商一体的怪现象。《新语》即痛陈其事说："今之官于东粤者，无分大小，率务朘民以自封，既得重赀，则使其亲串与民为市，而百十奸民，从而羽翼之，为之垄断而罔利。于是民之贾十三，而官之贾十七。官之贾本多而废居，易以其奇矣。绝流而渔，其利尝获数倍。民之贾，虽极其勤苦而不能与争。于是民之贾日穷，而官之贾日富，官之贾日富而官之贾日多。遍于山海之间，或坐或行，近而广之十郡，远而东西二洋，无不有也。民贾于官，官复贾于民，官与贾固无别也，贾与官亦复无别。无官不贾，而又无贾而不官，民畏官亦复畏贾。畏官者，以其官而贾也。畏贾者，以其贾而官。于是而民之死于官之贾者十之三，死于贾之官者十之七矣。"

《新语》中记述豪强强占增生沙田及抢夺农民禾稼的霸行说："粤之田，其濒海者，或数年或数十年，辄有浮生。势豪家名为'承饷'，而影占他人已熟之田为己物者，往往而有，是谓'占沙'。秋稼将登，则统率打手,驾大船,列刃张旗以往,多所伤杀,是谓'抢割'。斯二者,大为民害。"

至于民间习俗亦有所记,如:"凡村落人奴之女,嫁日不敢乘车,女子率自持一伞以自蔽。"此虽似记村俗,实则反映等级森严的阶级关系。

群众反抗斗争也多有记述,如卷七记群众斗争的组织形式说:"粤中多盗,其为山盗之渠者曰'都'。'都'者多资本,有谋力,分物平均,为徒众所悦服,故曰'都'。每一营立,远近无赖者踵至,曰'签花红'。骁勇者曰花红头目,自大老以至十老,自先锋一以至先锋十,悉以十人为一曹,十人满则更一名号以相统。""凡贼有大总、二总至于五总,亦曰满总、尾总。分哨为哨总。禽总,演禽者也。书总,掌书记者也。旗总,职志者也。纪纲诸事曰长干。众贼曰散班。其上有甲头。合数群有都总。凡大总死,谋所以立,建所授皂旗,束以青茅,以次拜旗,拜而张则立之矣。"

《新语》记明中叶广东地区黄萧养领导的农民起义事迹颇详。如记其起事及声势说:"黄盗名萧养,初为盗下狱……乃率囚越狱,纠集战船数百艘,直犯广州……海寇之雄,莫过萧养。"

清初大学问家顾炎武的得意弟子潘耒曾在为《广东

新语》所撰的序中概括该书的价值说:"游览者可以观土风,仁宦者可以知民隐,作史者可以征故实,辞者可以资华润。"后百余年,四川才子李调元,著述已富,犹撮录《广东新语》而成《南越笔记》。这在李氏似文法有亏,但亦可见《广东新语》之见重于后,而岭南文化益显于世。

诸如上述各种史料,都有裨于研史者参证。《广东新语》一书在清人笔记中当称上乘。是书有康熙庚辰三十九年木天阁刊本。

少年英雄夏完淳

> 三年羁旅客,今日又南冠。
> 无限河山泪,谁言天地宽?
> 已知泉路近,欲别故乡难。
> 毅魄归来日,灵旗空际看。

"离家奔波三年的人啊,今天不幸成了囚徒。祖国河山沦丧,我的血泪无限。谁说天地宽阔,竟无容我之处。已知捐躯之日将近,可实在难别故乡。我刚毅忠魂归来之日,定会在空中看到战旗猎猎。"读着这对祖国、对家乡无限依恋、凄楚激昂的诗篇,使我们热血沸腾,思绪万千,不禁回想起少年英雄夏完淳那慷慨悲壮的一生。

夏完淳是明朝末年人,生于明思宗崇祯四年(1631),原名夏复,字存古,别号灵胥,祖籍松江府华亭县(今上海市松江区)。父亲夏允彝是江南名士,并且是松江的文人组织几社的领袖之一。他曾担任过长乐县（今福建长乐市）知县，为官期间，明察廉洁。他很重视对儿子的教育，常常把幼小的完淳带在身边，一有空闲，就给完淳讲述历史上那些有气节的人物故事，以此激励完淳，使他从小就受到良好的家庭教育。他的嫡母盛氏也很关心对他的教育，教他学习诗文，十余年如一日。夏完淳有一姊一妹，均能赋诗属文。

童年时代的夏完淳，就显出了聪颖。五岁能读"五经"，七岁便会写作诗文，八岁随父入京，见到著名学者钱谦益，钱对他的聪明早熟很是惊异，曾写诗赞扬过他，九岁时写成《代乳集》一书，人称神童。

夏完淳七岁那年，随父赴长乐县任途中，路过嘉善，顺便访问了后来成为他岳父的钱栴。夏完淳知道钱栴一向不大关心时局，便在拜见时问道："今日世局如此，不知丈人所重何事？所读何书？"钱栴没料到夏完淳小小年纪竟能提出这样的问题，只好含含糊糊地说："我的所重所学，和你父亲差不多。"夏完淳还很喜欢与人谈论历史。当时的抗清名士陈子龙在《题钱仲子神童赋后》这篇文章中说：夏完淳在六岁时已熟读经史，拿起笔来写议论古人的文章，很有一些道理。我常常到夏家去，好和他辩论。起初看他是小孩，同他说着玩，可是一谈下去倒也很不好对付。

夏允彝在长乐当了五年知县。在此期间，夏完淳为了解当时局势，经常在他父亲那里看邸钞（政府的公报）。十二岁那年他回到家乡。在故乡，他拜著名爱国学者陈子龙为师，并和一些志同道合的朋友，学着父辈们的榜样，组织了"西南得朋会"，常聚在一起探讨学问，纵论国家大事，受到人们的钦佩。

明末正是多事之秋。关外满族统治者日益强大，不断与明朝开战，觊觎着明室。国内李自成的农民军正驰骋中原，所向披靡。自然灾害又频繁出现，国家财政匮乏，真是政局动荡，社稷飘摇。崇祯十七年（1644）三月，李自成攻陷北京，崇祯皇帝自缢而死。四月，山海关总兵吴三桂，勾引清军入关，打败李自成。五月初，进入北京，建立大清王朝。清朝统治者为了使中原各族人民臣服，采取了野蛮残暴的抢劫烧杀政策，广大人民奋起抵抗。

明朝灭亡后，福王在南京称帝，建立了弘光王朝，这就是历史上的南明政府。夏完淳的父亲被福王任命为吏部考功司主事。但由于马士英、阮大铖等奸党把持朝政，夏允彝没有赴任，而去江北史可法部筹划军事。大约此时，夏完淳和钱栴的女儿钱秦篆结了婚。婚后，他住在钱家边读书，边关注着国家形势的发展。

顺治二年（1645）五月，清兵攻陷南京。弘光皇帝被俘，南明王朝灭亡。由于形势巨变，夏允彝决定毁家倡义，誓死抗清复明。八月，他和陈子龙等人分别联系各地的反清义军，决定在松江起兵抵抗。这时，江南有许多自发组织起来的抗清武装和尚未溃散的明朝官军。他们计划以吴淞总兵吴志葵的军队为主力，攻打苏州，切断南京和杭州两地清军的联系。吴志葵是夏允彝的门生，在夏允彝写信要求下，他率三千水军，由吴淞江入泖湖，向苏州进军。夏允彝和夏完淳一起参加到吴志葵的军中。父子俩积极协助吴志葵商订作战计划，部署战斗，准备攻取苏州，附近的义军也前来助战。吴志葵对攻打苏州信心不足，不积极进攻。屯兵城下一个多月后，士气涣散，清军一反攻，便败退了。八月，清军在太湖和泖湖之间击败吴志葵，吴志葵被俘后不屈殉国。夏允彝父子和陈子龙冒死突围，暂时在乡间隐蔽，待机再起。不久，夏允彝见江南义军纷纷失败，恢复明朝的希望越来越渺茫，决心以死报国。九月十七日，夏允彝自投松塘而死，死前写下了一首绝命诗："少受父训，长荷国恩。以身殉国，无愧忠贞。南都继没，犹望中兴。中兴望杳，安忍长存……人谁不死，不泯者心。修身俟命，警励后人。"

1646年春,苏南和浙西的义军大部分都失败了,只有吴江吴日生领导的水上义军在失败后又重整旗鼓,继续抗清。夏完淳遵照父亲的遗嘱,变卖了全部家产捐献给义军作军饷,并协助吴日生操办军务。他还同陈子龙和钱栴歃血为盟,发誓抗清到底。吴日生的义军曾多次重创来犯的清军,但不久吴日生被清嘉善知县刘肃之出卖,被捕后于六月牺牲。

吴日生义军失败后,夏完淳离开了苏南,曾到湖南等地寻找有组织的抗清武装。1647年春,夏完淳回到松江。这时,江南文士四十多人联名给浙东的鲁王政权上了一道表示抗清决心的奏疏,由夏完淳执笔。鲁王封夏完淳为中书舍人。在家乡,夏完淳同他的老师陈子龙以及其他一些抗清志士一起,搞了一些策动清军中原明朝将领反正的活动。不幸陈子龙被清军逮捕,在解往南京途中坠塘而死。一个月后,夏完淳也在家乡被清军逮捕。他拜别母亲时说:"忠孝家门事,何须问此身?"表明他已有为国捐躯的决心。在被押往南京途中,夏完淳眼见国破山河在,感慨万千。过清浦时,想起先师陈子龙生前常来此地,写了一首《细林夜哭》来悼念老师。诗中写道:"呜呼!抚膺一声江云开,身在罗网且莫哀。公乎!公乎!为我筑室傍夜台,霜寒夜苦行当来。"过吴江时,又写了一首《吴江夜哭》哀悼吴日生。他还写有《大哀赋》,对明末政局和南明政权的腐败,进行无情地鞭挞和揭露,是一篇感情沉痛的史诗。

在南京,洪承畴亲自出马劝夏完淳投降。在堂上,夏完淳昂首直立,不肯向洪承畴下跪。洪承畴说:"你这个小孩子,懂得什么是造反,还不是被叛乱之徒拉了去的。只要你肯归顺,便给你官做。"夏完淳装着不知此人就是洪承畴,他回答说:"你才是叛徒!我是大明的忠臣,怎么能说是造反呢?我听人说我朝忠臣洪亨九(洪承畴,字亨九)先生在关外血战清兵而亡。我年纪虽小,要说杀身报国,不敢落在他后面。"左右的人说,堂上坐的正是洪大人。夏完淳厉声斥道:"胡说,亨九先生早已为国捐躯,天下谁人不知!当时天子亲自哭祭他,满朝大臣都痛哭流涕。你是个什么东西,敢冒他的大名来玷污他的忠魂!"洪承畴被痛骂了一顿,却又无法还口。此后,夏完淳在南京狱中被关了两个多月。夏完淳在狱中饮酒赋诗,谈笑自若。与他一起被捕的钱栴,有些怯弱不振。夏完淳鼓励他说:"我们今日同死一处,以见陈公(指陈子龙)于地下,不也是伟男子吗!"钱栴在他的言行影响下,也坚定起来了。夏完淳在《狱中上母书》中写道:"人生孰无死?贵得死所耳。父得为忠君，子得为孝子。含笑归太虚，了我分内事。"这年九月，夏完淳与钱栴等人在南京西市英勇就义，年仅十七岁。临刑前，他泰然自若，昂首挺立，展示了一个少年爱国志士的英雄气概。今有《夏完淳集》八卷流传于世。

王士禛与池北书库

池北书库是清初诗人、学者王士禛的藏书处。所谓"池北"是士禛所居先人旧屋之西有小池，小池之北有老屋数椽，士禛即藏书数千卷于此，并取白居易池北书库之名而名之。池北书库的主人王士禛，字子真，亦字贻上，号阮亭，别号渔洋山人，山东新城人。生于明崇祯七年（1634），卒于清康熙五十年（1711）。顺治十五年进士，官至刑部尚书。卒后，因避雍正皇帝胤禛讳曾被改名士正，乾隆三十年，追谥文简，乾隆三十九年，又谕改名为士禛。

王士禛是清初诗坛神韵派的著名诗人和领袖。其诗对有清一代诗风的影响很大。王士禛平生喜好搜求和庋藏图书。为了便于求书，特别僦居于广安门外慈仁寺书市附近。他将所得图书尽藏于池北书库。与他并有诗文盛名的朱彝尊曾在所撰《池北书库记》中称赞王士禛的求书精神说："先生自始仕迄今，目耕肘书，借观辄录其副。每以月之朔望，玩慈恩寺日中集，俸钱所入，悉以购书。"

由于王士禛当时的政治和学术地位很高，一般人登门造访很难见到，但是，在书市却容易找到他。他也承认确有其事，曾在所著《古夫于亭杂录》中不无得意地记下了这段轶事说："昔在京师，士人有数谒予而不获一见者，以告昆山徐尚书健庵。徐曰，'此易耳，但值每月三五，于慈仁寺市书摊候之，必相见矣'。如其言，果然。"

时人《桃花扇》的作者孔尚任在其《燕台杂兴》中也有诗并注记其事云："弹铗归来抱膝吟，侯门今似海门深。御车扫径皆多事，只向慈仁寺里寻。"诗注云："渔洋龙门高峻，人不易见。每于慈仁庙寺购书，乃得一瞻颜色。"戴璐在其《藤荫杂记》中曾录入孔诗。

近人叶昌炽撰《藏书纪事诗》入渔洋于藏书家之列，其卷四即写有纪事诗一首，并网罗其藏书掌故数则以释诗。叶诗云："骨董僧寮列肆庞，碎铜玉石斗鸡缸。不堪重到慈仁寺，寂寞双松护碧幢。"

当有些心目中的好书因一时筹款不及而被他人购去时，王士禛会因此而致疾。他曾于所著另一本杂著《居易录》中记其事说："尝冬日过慈仁寺，见《尚书大传》，朱子《三礼经传通解》，荀悦、袁宏《汉纪》，欲购之。异日侵晨往索，已为他人所有。归来怅不可释，病卧旬日始起。"

这种书淫、书癖的嗜好，足以见王士禛对图书的情有独钟，也可见池北书库入藏的图书确实来之不易。池北书库的大部分藏书也不是成批从书肆中购入，更不是从其他藏书家手中辗转而来。王士禛的藏书都是他亲自从旧书摊上选购所得，或是从朋友处借抄而来。这就形成了池北书库的藏书特点，是为阅读治学而非单纯为珍藏古书秘籍。

王士禛还摆脱了当时一般学者"佞宋"的玩赏习惯。他认为宋版书也有讹误，不能无原则地一概视为珍善本。如在《跋杜诗》条中说，"今人但贵宋椠本，顾宋版亦多讹舛，但从善本可耳"。但是，他也不排斥宋版古籍的价值，而是以书的内容和工艺水平为去取标准，所以池北书库的藏书既有宋元善刻，也有明清佳本。他不仅精心搜求典藏，还对所藏图籍加以研究校定，撰写书跋，记其著者、版本价值与流传过程等内容。因为王士禛具有较高的文学素养，遂使题跋文字清新喜人，流畅可读。清乾隆时有刘坚，其人自渔洋各种说部中辑《渔洋山人说部精华》十二卷，其中《载籍》

二卷专收书评百余篇。光绪四年，葛元煦刊刘坚所辑王士禛题跋一百一十五篇为《渔洋书跋》（一题《书籍跋尾》）。1958年，陈乃乾又有《重辑渔洋书跋》，共收二百三十篇，为葛刊刘编的一倍。陈序还盛赞渔洋书跋说："题跋之作，尤直抒胸臆，耐人寻味。"1991年山东大学王绍曾先生的弟子、中年学者杜泽逊在王先生的指导下，不辞辛劳，爬梳条理，得六百四十余篇，成《渔洋读书记》一书，较陈辑又增益多多。王绍曾先生曾概括这批书跋有益于学术者有六：即论得失、品人物、别真伪、记版本、考亡佚、存掌故。这些书跋对中国藏书史的研究和对池北书库藏书的了解都有所裨益。

王士禛非常珍爱他的藏书。他也喜欢写随笔，写了多种有参考价值的笔记。如《池北偶谈》、《香祖笔记》、《居易录》、《古夫于亭杂录》和《分甘馀话》等。他在这些笔记中曾记及其藏书轶事，如《古夫于亭杂录》中即自记其在慈仁寺购书、与人相会以及书商借其盛名作鉴定图书价值的根据等故事。《居易录》卷十四曾自记其聚书缘由。他还曾为池北书库的藏书自编《池北书库藏书目》，但所载仅四百六十九种，显然不是池北书库的全部藏书。清代学者刘喜海认为这部藏书目如果不是王氏随身携带的备读书目，便是一部不全的书目。近人从当时与王士禛齐名的朱彝尊的藏书推测，朱氏曝书亭藏书约有七八万卷，则王士禛池北书库的藏书量当亦相差不远。池北书库的藏书在王士禛卒后不久，即因鼠蠹积霖、不肖攫窃而残损散佚。民国初年，藏书家叶德辉的观古堂曾收藏到池北书库的旧藏。可惜，抗战时期随着观古堂藏书的外流，池北书库的一些残余旧藏也多流落日本。

王晫的自我炒作

文人学者好名，情有可原，而急于求名，则极不可取。近读一书，无意得之，不禁大喜。奇文共赏，奇书共读，愿与天下读书人共之。这本书就是清初王晫所撰的《今世说》。

王晫，初名斐，字丹麓，号木庵，自号松溪子，浙江仁和（今杭州）人，生于明末，约生活于清顺治、康熙时。顺治四年秀才，旋弃举业，市隐读书，广交宾客，工于诗文。所著有《遂生集》十二卷、《霞举堂集》三十五卷、《墙东草堂词》及杂著多种。

王晫的《今世说》共八卷，以记清初四十年间文人学者生平言行为主。书前有撰者自序和例言多则，为全书作开宗明义的铺垫。

撰者的第一种自炫手法是"寻根归宗"，自认门派，把自己放在《世说新语》继承者的地位上。他在康熙二十二年的序中述其著述宗旨说："今朝廷右文，名贤辈出。阀阅才华，远胜江左。其嘉言懿行，史不胜载。特未有如临川裒集而表著之。天下后世，亦谁知此日风流，更有度越前人者乎？余不敏，志此有年。上自廊庙缙绅，下及山泽隐逸。凡一言一行有可采录，率猎收而类记之。稿凡数易，历久乃成。或以名贤生平大节固多，岂独借此一端而传。不知就此一端，乃如颊上之毫，睛中之点，传神正在阿堵。余度后之人得睹是编，或亦如今之读临川书者，心旷神怡，未可知也。"序言不长，而主旨则在以《世说新语》之后继者自命，志得意满，傲形于色。其自我标榜的立意，中智者即能看穿。在《世说新语》之后，以"世说"为名者，尚有《续世说》、《大唐新语》、《世说新语补》、《明世说新语》等。王晫对这些后续者，一笔勾销，以自己与刘义庆"道统"直接相承。但他这本书实难与《世说新语》相并。他在例言中自称："是集条目，俱遵《世说》原编。惟自新、黜免、俭啬、谗险、纰漏、仇隙诸事，不敢漫列，引长盖短，理所固然。乃若补为全目，以成完书，愿俟后之君子。"撰者所略六门，明眼人一眼可见，实为易开罪于人之篇，是撰者之有意回避。例言中又一再声明，其记事根据是"只据刻本，就事论事"，"是集事实，俱从刻本中，择其言尤雅者，然后收录。若未见刻本，虽有见闻，不敢妄列，昭其信也"，并条列其所据主要成书和口碑来源，这足以见撰者"想吃包子又怕烫"的心态。从中还可看出，在清开国之初，士人已有文网拘牵之感。撰者不愿以文字贾祸，其情堪谅！

撰者第二种自炫手法是于书中掺入个人行事而妄作姿态。此并非不检，实属有意。其著于例言者有云："至平生，本无足录。向承四方诸先生赠言，颇多奖藉。同人即为截取一二，强列集中，实增愧恧。"他先把参入个人行事的罪责推到"同人"身上，于是在各门中放手羼入个人事迹。如卷一《德行》篇有云："王丹麓遭外艰，丧葬尽礼，衔恤陨涕。风雪中重趼远涉，遍告当世巨公，乞为志传成帙，曰《幽光集》。士大夫读而悲之。"此自述其孝行，条下又附入撰者生平德行。文字较本文为长，本为自炫之作，而例言早已言明这是"同人"强列，掩耳盗铃，岂非自欺欺人？作伪拙劣，不啻伶人之自拉自唱，实不可恕。就以文中自炫"遍告当世巨公"作传一语，已显阿世媚俗之态，又何德行可言！尤可怪者，撰者于书中更明目张胆地窜入其家三代事迹，入其父王湛二条，入其子王鼎、王小能各一条，而自入达十六门二十四条，这就未免为士林所讥。所以,《四库全书总目》入其书于子部小说家类存目一,即已表明是对书之总评。提要评称:"刻画模拟,颇嫌太似,所称许亦多溢量。盖标榜声气之书,犹明代诗社余习也。至于载入己事,尤乖体例。"并论其考证不精之失,均可称确论。

撰者的第三种自炫手法是除撰者自序及例言外,尚有冯景、丁澎、毛际可、严允肇等人序及洪晖吉等《评林》,类多谀辞。如冯序称其书"包举群彦,言关至极,简秀韶润,胸无宿物,俊不伤道,而巧不累理"。《评林》则辑诸家赠言,尤感溢美过甚,似亦为撰者有意经营者,唯刻印者伍崇曜一跋不同一般。伍跋称"丹麓实游扬声气,以博取声名,而文笔乃纤仄婉媚,殊乏雅裁"。伍氏为一商人,而一语中的,实为难得。诸文士不若一商人,实让著述者有愧。

王晫《今世说》共八卷三十门四百五十二条,以清初四十余年人物为主要记述对象,其由明入清者,亦一并收入,并于每条之下自注条目中人物生平大略。其清初著名人物如毛奇龄、王士禛、施闰章、宋琬等人,多见于各门类。唯于人物评论,不尽平允,尤其于明臣降清者,多所讳避。如钱谦益、龚鼎孳等收录不止一门,娓娓道其嘉言懿行,而不涉降清大节。反之,若顾炎武学识操守为一时之冠,而不著一字,黄宗羲亦仅言其家富藏书而略其志节等。

对王晫的这本自炫之作,有志于学者应以此为镜,而躐等躁进者或可以此作范本。

高士奇和他的笔记

高士奇,字澹人,号江村,浙江钱塘人。生于清顺治二年(1645),卒于康熙四十三年(1704年,一说康熙四十二年),年六十岁。家贫鬻字谋生,后被明珠推荐进入内廷,因便捷善迎合,为康熙帝所宠遇,每随扈出巡,遂利用权力大肆贪污。《啸亭杂录》卷三《郭刘二疏》引郭琇劾高等纳贿敛财罪状。疏称:

> 光棍俞子员在京肆横有年,惟恐事发,潜遁直隶、天津、山东雒口地方。有虎坊桥瓦房六十余间,值八千金,馈送士奇,求托照拂。此外顺治门外斜街并各处房屋,总令心腹出名置买,何楷代为收租。士奇之亲家陈元师、伙计陈李芳,开张缎号,寄顿各处贿银,赀本约至四十余万。又于本乡平湖县置田千顷,大兴土木,修整花园。杭州西溪,广置园宅,苏、松、淮、扬,王鸿绪等与之合伙生理,又不下百余万。窃思以觅馆糊口之穷儒,而今忽为数百万之富翁,试问金从何来?非侵国帑,即削民膏。

疏中所指王鸿绪为左都御史，何楷为科道官。高士奇本为身无长物的穷儒，在攫取权力后，即勾结官僚土棍，广开贿源，终成拥有大量土地、房产、店铺的官僚、地主与商人三位一体的典型代表。以高士奇一例可知清代前期官僚地主阶级的若干特点。

高士奇进入内廷后，得到阅读宫廷藏书的便利，偶有所得，即加抄录，终于写成《天禄识余》一书。其书系涉猎多籍而随手札录，虽涉及面广而未加类次。

全书内容，大约可有五类：

其一属于考证。如辨《中庸》单行始于刘宋而非始于二程。

其二属于释词。如"黄小中丁"条据《隋书》释男女初生为黄，四岁为小，十六为中，二十一为丁，六十为老。

其三属于俗语语源。如言市井之说出于《后汉书·循吏传》。

其四属于事物原始。如"寓钱"条说纸钱始作于唐。

其五属于讲史。如"蜀史"、"吴越改元"诸条。

其书引用书较多，大都记有出处，也有冷僻而不标者，可备稽考。其中与前人重复内容过多者似可不载，如记茗饮始于三国，前人笔记记载屡屡。而刘献廷《广阳杂记》卷三更有饮茶始于西汉之说，是又采择未遍。又释无恙的恙为毒虫，古人草居露宿，故以之作存问之词。而明陈继儒《眉公群碎录》已载多说，宋人吴曾《能改斋漫录》卷四有《无恙》条，集高承《事物纪原》、《九辨》、《汉书》、《国策》、《说苑》各说，而江村只说一解。无怪杭世骏讥此书为"迹其所征引辨说，大半皆袭前人之旧"。"一二偏解，时有抵牾"。"置身石渠金匮，获窥人间未见之本而所采撷若此，此可以征其造诣矣"。

书前有康熙二十九年（1690）五月毛奇龄序，中多谀辞。杭世骏《道古堂文集》卷二七有《天禄识余跋》一文，于此书颇加讥评。《四库全书总目提要》著录是书于子部杂家类存目三，提要一称："是书杂采宋明人说部，缀加成篇，辗转稗贩，了无新解，舛误之处尤多。"并引杭世骏跋入文，而称："取此书覆勘之，竟不能谓世骏轻诋也。"晚清陆以湉《冷庐杂识》卷五《天禄识余》条于杭跋外更申称：

> 杭堇浦太史跋钱塘高江村侍郎士奇《天禄识余》云："不观《左传》注，妄谓经冢为冢前之阙。不观《汉书》注，妄引《后汉纪》以证太上皇之名。不观《水经》、《文选》两注，妄诧金虎冰井以实三台。不观《地理通释》，妄分两函谷关为秦汉（新夏按：此处脱"其尤龃龉不可

据者"八字)。青云二字,莆田周方叔以为有四解,乃遽以隐逸当之。"聚头扇",已见之金章宗词咏(出《归潜志》),乃谓元时高丽国始贡。银八两为流,本《汉书·食货志》,乃引《集韵》以为创获。"八米卢郎",见齐(新夏按:应作"既见之齐")、隋两书。姚宽《丛语》云:关中语(新夏按:"关"上脱一"盖"字),岁以六米、七米、八米分上中下,言在谷取米,取数之多也(新夏按:此处脱"黄山谷、徐师川何尝误用"一语),乃用元微之《八采诗》"成未伏卢"为证,是知一未知二也。余观此书,有经书习见语,亦皆采入,其志冷僻之典,又多不标所出之书。至于舛误之处,亦不止此。如《十洲记》:"汉武帝天汉二年,西国王献吉光毛裘,色黄,盖神马之类,入水,经日不沉,入火不焦。"乃谓"入水不濡",又脱"入火不焦"句。《古今注》:"荷花,一名水芝。"《酉阳杂俎》:"湖目,莲子也。"乃谓"莲子,湖目。芡实,水芝"。"亲戚",见《后汉书·应奉传》注,见于史者始于《隋书·房陵王勇传》,乃谓见《唐·萧嵩传》。《仪礼·士昏礼》云:"日入三商为昏。"贾公彦疏云:"商谓商量,是漏刻之名。"乃谓《周礼》:"漏下商三为昏。"商,音滴。梁元帝《纂要》,"日在未曰昳",本《左传》昭五年段注,乃"昳"以为"映",而引王仲宣诗"山冈有余映"证之。于此见著述之不易也。

周中孚《郑堂读书记》卷五十五入其书于子部十之

四，杂家类四，并评称：

> 四库全书存目。前有康熙庚午毛西河奇龄序，称江村宫詹以惊才绝学，供奉内廷，其所读秘书，真有非外人所能见者。其私第所蓄善本，有为长安诸藏书家所未备。是天禄钦校，惟宫詹为能职其盛。顾时奉起居，晨入夜出，亦何尝有顷刻之暇，可涉笔札，乃随所记录，皆成卷帙，其中搜微别隐，诠疏考窒，有驳有辩，而皆于天禄乎得之，因颜之曰《天禄识余》。今观是编，大都采摭前人杂考之书，率尔成帙，而没所自来，了无心得，且抵牾踳驳之处，尤不一而足。杭堇浦《道古堂集》二十七有是书跋，已昌言排斥之矣。而西河在当时极为推重，甚至谓非容斋、伯厚、弇州、升庵所能及者，何贡谀献媚，一至于此。所谓修辞立其诚者安在耶？

是书有《说库》二卷本，《说铃前集》本、《古今说部丛书》七集本均作二卷，唯《贩书偶记续编》卷十一著录康熙刊十卷本，未获见。

《金鳌退食笔记》二卷是高士奇杂著的一种。书的命名已见康熙二十三年（1684）徐乾学所撰书序中说：

> 澹人赐弟在禁垣西北隅，密迹秘苑，金鳌蜿蜒，其入

直必经之路，辄以余闲讨论旧迹，笔之于书。退食云者，有取于羔羊之诗，委蛇自公之义，澹人志也。

是书乃撰者于康熙二十三年官侍讲学士入侍内庭时所作。其自序中说：

> 余自丁巳赐居太液池之西，朝夕策马过金鳌玉蝀桥，望苑中景物，七阅寒暑。退食之顷，偶访曩时旧制，约略得之传闻，又仿佛寻其故址。离宫别馆，废者多矣。脱复十数年，老监已尽，遗迹渐湮，无以昭我皇上卑宫室、约苑囿之俭德，因率笔记之，详于西而略于东，以余所居在苑西故也。纪其兴废而复杂以时事，欲见昭代之盛，存为太平嘉话也。若彼内府衙署监局之载在《会典》，与访问未确，其迹莫考者缺而不书。景山则外人之所罕窥也，亦不敢书。今余所记皆都下臣庶旦暮经过俯仰，习于见闻，非同温室之树，莫可得而言者。

高氏自叙其著书旨趣甚明。书中不仅记明以来（间有金、元）禁城宫阁池榭的沿革、构造，遗闻佚文，并附录个人诗作。虽有纪恩之嫌，但可供研讨北京文物建筑的参证。其间又有可资掌故者多则，如记放焰火一则说：

> 癸亥（康熙二十二年）元夜，于（五龙）亭前施放烟火，听京师人民观看。时余已退直矣，命侍卫那尔泰、海清至余私寓，召至亭前，赐饮馔，坐观星球万道，火树千重，金轮宝焰，光辉夺目。

又记冰床及掷球一则说：

> 寒冬冰冻，以木作平板，下用二足，裹以铁条，一人在前引绳，可坐三四人，行冰如飞，名曰拖床，积雪残云，景更如画。又于冰上作掷球之戏，每队数十人，各有统领，分伍而立，以皮作球，掷于空中，俟其将堕，群起而争之，以得者为胜。或此队之人将得，则彼队之人蹴之令远，喧笑驰逐，以便捷勇敢为能，本朝用以习武。所著之履皆有铁齿，行冰上不滑也。

拖床于 20 世纪 30 年代时，北海尚有。我幼时曾乘坐，确有风驰电掣的乐趣。所记掷球运动，实际上已把足球、篮球和冰球的各种技艺都包括在内。

尼泊尔雕塑家阿尼哥来华及刘元（蓝）向他学艺的故事可证中尼两国的传统友谊。其事虽已见《元史·工艺传》，而不若此书记载之细腻具体，借此还可见我国雕塑艺术的发展。

《四库提要》史部地理类三著录此书,并评称:

> 盖其时距明末仅四十年,前朝宦监,存者犹多,士奇出入禁廷,得以询访。又久寓其旁,朝夕考校,故所记往往可据,朱彝尊《日下旧闻》多采摭之。

《提要》虽认为《日下旧闻》已可包容,但仍以此书"草创记录之功亦不可没"而加录存。

此书多见收于丛书,有《说铃前集》本、《龙威秘书》本、《江村全书》本、《艺苑捃华》本及《丛书集成初编》本。

《塞北小钞》是高士奇随同康熙出塞时的行程日记。高士奇于康熙二十二年(1683)六月十二日离京北行,出古北口后即患痢疾。二十日,士奇奉命回京,二十三日,抵京。病愈后即整理行程所经日记,加以考索,附以诗作,并特记其所受恩宠。卷末附士奇离去后康熙所经行程,仅记地名而已。《小钞》前有严绳孙序,说明著书的缘由是:

> 归既少间,检行次所录,盖考索属车经行之地,著《塞北小钞》。凡乘舆游息顾问,下至山川厄塞,寒燠雨晴,古今建置及其他奉使行役,殊俗异闻,无不备矣。

另有陈廷敬康熙二十二年七月三日撰序，志其著书之由说：

> 澹人病少间，则记录其山川厄塞道里风俗所经涉，稍稍及其蒙被恩礼及与上所问答者。

撰者撰有跋语，记历次随侍巡行纪事及此次不克终事之憾，纯为纪恩之作。士奇起自穷陋，以便佞得宠，跻居清要，其对答之词，乃为阿谀取容。《小钞》自记说：

> 上曰：朕闻南人殊不畏暑。臣士奇曰：南人从来畏暑，故有吴牛见月而喘之语。上大笑。

士奇更以其事入诗云：

> 桦皮铺板屋，松叶架山楼。药物烦中赐，盘餐不外求。退风飞宋鹊，见月喘吴牛。渐喜归途近，檀州过顺州。

士奇的其人其文，也可由此见其一端。

《四库提要》著此书于史部传记类存目六，似以此书为士奇个人行迹，故入于传记类。实则所记为行程所经，宜如《退食笔记》入地理类为恰。《提要》评其书记康熙的"赐赉顾问，比他记特为详悉"。而所考"塞外古迹，以今核之，多不甚确"，并指出所以不确的原因是"身所未经而仅据明以前人之典籍，宜其依稀影响尔"。周中孚《郑堂读书记》卷二十四，入其书于史部十传记类三。并评称：

> 康熙癸亥圣祖仁皇帝北巡，江村扈从，至鞍匠屯遘疾而返。因记其自六月癸未迄闰六月辛丑朔，往返所经及恩遇诸事，并附以诗。自庚寅后驻跸之地仍按日恭载大略。至丁酉回銮，赐观塞外所产盘羊、夜克木而止云。前有陈说岩（廷敬）序，《说铃初集》亦收入之。

此书有《江村全集》本、《说铃前集》本、《昭代丛书》丙集第三帙本、《小方壶斋舆地丛钞》第一帙本、《小方壶斋丛钞》卷二本、《满蒙丛书》本等。

《扈从东巡日录》系士奇于康熙二十一年（1682）初随康熙帝赴东北，将平定三藩的战绩祭告太祖、太宗陵墓的往返日记。它起于康熙二十一年正月十七日决定东巡起至五月初四日还京止。其中记有二月十五日离京启行时旌旗羽葆、络绎二十余里的盛况，所经路线及地形，沿途景物民情，间附纪事诗作。所记资料于各地设置、沿革等略有考订之用。其纪事主旨仍在歌功颂德。

书前有陈廷敬、张玉书、汪懋麟及朱彝尊等人序。张玉书于序中称此书"上以扬圣德，下以摛国典，大以镜形胜，小以别物产，胥于是有考焉"。并以其内容有"可补辽金元史所未具载者"。

是书有撰者自序，为颂德之作。

是书凡二卷，并有附录一卷。卷上多记所经地理，卷下则史事略多。如卷下三月癸亥条记柳条边事说：

> 道经柳条边，插柳结绳以界蒙古，南至朝鲜，西至山海关，有私越者，必置重典，故曰柳条边也。

又卷下三月己巳条为内地流民远戍东北的苦况而写的《流民叹》，刻画尽致，可作史诗读。特录供参考：

> 将军重武备，旷野开新边。再徙境内民，跋涉戍寒烟。摇落早无家，何堪更远迁。驱驰数百里，囊底无一钱。裹粮日不给，锄锸多弃捐。空山绝四邻，豺虎时盘旋。伐木营板屋，粗具三两椽。连朝雨复落，举室无安眠。寡妻病哀恋，丁男衣不全。有地皆蓁荆，手足徒胝胼。长子被官役，辛苦恒经年。鹄面向行客，欲语先涕涟。云自江南来，未谙严寒天。微躯历患难，异域谁见怜。闻有宽大诏，归

梦犹迷遭。藜藿免饿饥，性命聊苟延。哀哀叹茕独，乡信难为传。

卷下三月乙亥条记松花江旁大鸟喇虞村旗丁的困苦生活及受剥削情况颇详。记称：

> 虞村居人二千余户，皆八旗壮丁。夏取珠，秋取参，冬取貂皮以给公家及王府之用。男女耕作，终岁勤动。亦有充水手驾舟，渔户捕鱼，或入山采桦皮者，其食甚鄙陋，其衣富者不过羔裘纻丝细布，贫者惟粗布及猫犬獐鹿牛羊之皮，间有以大鱼皮为衣者。

附录则记松花江流域人民日用、食物及植物生长与内地的相异状况，均标以清语名目而后考辨名实。如萨喇为木板鞋也，威护为小船也，哈食马为拉姑水族也，诸申木克为满洲水也。是又可供诠释清语之用。

清人周中孚《郑堂读书记》卷二十四入其书于史部十传记类三，并评称：

> 康熙壬戌，圣祖仁皇帝省谒陵寝，江村扈从，归则以其记载讽咏之所作，辑录成帙，自正月十七日迄五月戊申朔止。观其驰驱关塞，流连丰镐，铺陈帝业之艰难，诵述

民风之勤苦，靡不言之成文，歌之成声云。又目睹土人日用饮食生殖之殊，因考辨名实而详书之，附日录后，用广异闻，凡三十条。陈说岩（廷敬）、张素存（玉书）、汪季南（懋麟）、朱竹垞（彝尊）俱为之序。

此书有《江村全集》本、《辽海丛书》第一集本作卷上、下，并附录一卷。《小方壶斋舆地丛钞》第一帙本则作一卷，并附录一卷，是正文已有删节。

《扈从西巡日录》系高士奇随从康熙帝游幸山西五台山的逐日记录。起于康熙二十二年二月十二日，终于三月初七日，往返共二十五日。所记为沿途山川的沿革形势，禽兽草木，并援引旧籍传说以证，尤详于五台诸山及禅寺。

书前有徐乾学序。概述此书的大概内容说：

> 今士奇所录具载皇上子元元、问疾苦、安不忘危之意，而奎章宸翰时时辉映于琳宫梵刹间者，亦备录焉。旁及山川鸟兽草木，以至幽崖远谷、藓碣残碑，山经所未备，往往捆摭附见于其间。

是书对考察由北京至五台山的沿途风物，颇有裨助。它所征引的方志旧籍和前人诗文传说也可供参证。

如记河间郑州药王庙市集的繁盛情况可借以见清初经济恢复的一个侧影。其所记内容是：

> 城外药王庙，专祀扁鹊，香火最盛。每年四月，河淮以北，秦晋以东，各方商贾，辇运珍异菽粟之属，入城为市，妙妓杂乐，无不毕陈，云贺药王生日，幕帘遍野，声乐震天，每日搭盖篷厂，尺寸地非数千金不能得，贸易游览，阅两旬方散。

一庙会能聚各地商贾，不仅有珍异菽粟之贩运，复有妙妓杂乐之游兴，则其繁盛可见。

《日录》之后附撰者诗二十四首，记沿途风光，并颂功德，志恩遇。

《四库全书》入此书于史部传记类二杂录。《提要》评其书"凡山川古迹，人物风土，皆具考源流，颇为详核"。周中孚《郑堂读书记》卷二十四入此书于史部十传记类三，并评称：

> 康熙癸亥，圣祖仁皇帝西巡五台，江村扈从。乃识其山川道里所经，系以日月，自二月十二日至三月初七日止，逐日记载，并次以诗。所记完县之赐金，阜平之复设，皆关政事沿革之大者，而纪赐裘赐裳，则尤见圣祖恩

礼儒臣之雅云。前有王阮亭士禛、徐健庵乾学二序。健庵序称奎章宸翰，时时辉映于琳宫梵刹间者，亦备录焉。今案录中从无恭录及圣制者，不知健庵何以云云也。《说铃初集》亦收入之。

是书有《江村全集》本、《说铃前集》本、《昭代丛书》丙集第三帙本、《小方壶斋丛钞》卷二本及《小方壶斋舆地丛钞》第一帙本等多种。

《松亭行纪》是高士奇于康熙二十年（1681）三月随康熙帝至东陵、温泉及喜峰口、外蒙古地方的行纪。撰者以松亭关即喜峰口，故以松亭名书。而《四库提要》指称："松亭关在喜峰口外八十里，士奇合而一之，未详考也。"松亭是辽燕三关之一，合古北口、居庸关为三。而益津、瓦桥、淤口则为宋三关。

是书分二卷，上卷记康熙奉太皇太后谒陵及赴汤泉事，下卷则记康熙出喜峰口会见蒙古各部情况。其中行围扬威、宴请王公等活动正以见康熙帝对少数民族恩威并用的统治手段。

是书体例与其他各日录相似，逐日记录所经涉的山川厄塞、草木鸟兽，益之以旧籍文字，个人诗作，可供研讨地理者参考。

书前有康熙二十三年徐元文序一篇，推崇士奇的博学敏捷，并概述行纪的主要问题。

是书起于康熙二十年三月二十日出行，终于五月初三回京。其记蓟县盘山风景、陵寝、温泉等，尚有参读价值。至诗作则多为承制颂德之笔，一无足取。

是书《四库全书》收入史部传记类二杂录，并叙明所以收录之故，系因"其叙述山川风景，足资考证，而附载诗文，亦皆可观"。

清人周中孚《郑堂读书记》卷二十四入其书于史部三，传记类十，并评称：

> 四库全书著录康熙辛酉圣祖仁皇帝驾幸汤泉出喜峰口，江村皆扈从，因逐日纪其道路所经。自三月二十日迄五月初三日止，详述山川四景，并记以诗，以次附入，颇便览者。其以松亭名者，以喜峰口为古松亭关也。其实松亭关尚在喜峰口外八十里，乌可并合为一？然其书能于舆图方名之外博采旁罗纤微具举，足备昭代之掌故而资文人之谈咏云。前有徐元文序，后有万言跋。《说铃前集》亦收入之。

是书有《说铃前集》本、《江村全集》本、《昭代丛书》丙集本、《小方壶斋舆地丛钞》第一帙本等多种。

《扈从纪程》系康熙三十六年（1697）高士奇随康熙帝为噶尔丹叛乱亲赴西北所记行程。始二月出居庸关西行，至五月噶尔丹事定返京止。记沿途所经里程、城堡、厄塞，考其历史，记其景物出产及个人所受恩宠等事。

　　是书有《小方壶斋舆地丛钞》第一帙本。

康熙与宋荦

宋荦，字牧仲，号漫堂。河南商丘人，是历事清初顺、康两朝的名臣。他生于明崇祯七年（1634），卒于清康熙五十二年（1713）。清顺治四年，因父宋权任内翰林国史院大学士荫，得任三等侍卫，出入宫掖多年，熟悉朝章典制。康熙朝历官黄州知府、刑部郎中、江苏布政使、江西、江苏巡抚、礼部尚书等内外显要达五十二年，几与康熙一朝相终始。曾自著《漫堂年谱》述仕历及恩遇颇详，载所著《西陂类稿》第四十七卷。别有《筠廊偶笔》、《二笔》两种。

康熙与宋荦，君臣相处岁月既久，关系自然亲近。某次康熙南巡，正值宋荦任江苏巡抚，特向康熙进奉一种当地俗名"吓杀人"的名茶，色香味俱佳。康熙恶其名粗俗，乃赐名"碧螺春"，这一故事流传甚广，清人说部亦多有记载，而以王应奎所撰《柳南随笔》为详。王应奎生于康熙二十三年（1684），卒于乾隆二十二年（1757），年五十始补诸生，所著有《柳南随笔》六卷及《续笔》四卷。王应奎小于宋荦五十岁，而与宋荦并存世近三十年，宋荦晚年行事当为亲闻之事。于是在其所撰《柳南续笔》卷二记及"碧螺春"得名缘由称：

> 洞庭东山碧螺峰石壁，产野茶数株。每岁土人持竹筐采归，以供日用，历数十年如是，未见其异也。康熙某年，按候以采，因其叶较多，筐不胜贮，因置怀间，茶得热气，异香忽发，采茶者争呼"吓杀人香"。"吓杀人"者，吴中方言也，因遂以名是茶也。自是以后，每值采茶，土人男女老幼，务必沐浴更衣，尽室而往，贮不用筐，悉置怀间，而土人朱元正独精制法，出自其家，尤称妙品，每斤价值三两。己卯岁，车驾幸太湖，宋公购此茶以进，上以其名不雅，题之曰"碧螺春"。自是地方大吏岁必来办。

这段掌故不仅可供茶话，亦以见康熙与宋荦间，似已不拘君臣形迹，而随意交谈沟通。

封建帝王将自己喜爱食品赏赐臣下，是较常有的事。但康熙往往喜欢把佳肴美味的配方做法，作为恩宠，赏赐臣下。但赏赐的方式又因对象不同而有所不同，以示远近关系。据说，康熙曾特旨将御膳房八宝豆腐名菜的配方赐给大学士徐乾学，作为年老回乡后的享受。当徐派人往御膳房取配方时，还被御厨们借"道喜"之名，敲诈千两银子，使徐乾学哑巴吃黄连，有苦难言。这个配方后被徐的门生王楼村所得，并传给孙子王太守。王太守将其做法流传民间，因而豆腐菜中就留下了"王太守八宝豆腐"这道名菜。

同样是赏赐豆腐做法，但赏赐方式大不同。康熙在南巡江苏时，巡抚宋荦是当时受宠的名臣。康熙先以内府所制豆腐成品赐宋，复敕御厨亲至巡抚厨下传授做法，以为宋荦后半辈子食用。这比对徐乾学的规格优渥多多。宋荦亦视此为殊荣，曾把此事写入自己的《筠廊偶笔》中。后来嘉、道时的梁章钜也将此事写入他所著的《浪迹续谈》中，足见此事流传之广之远。

从康熙对宋荦等臣下的生活关注，足证康熙确是清代帝王中善于调谐君臣关系的能手。

王鸣盛的退休生活

乾隆二十八年（1763），王鸣盛以四十二岁的壮年，辞官归卧林下，卜居苏州。他以名宦兼学者所具有的号召力，使"学者望风麇至"，即如钱大昕、吴泰来等著名学者、诗人也都"群推鸣盛为渠帅"。王鸣盛的退休生活究竟如何？据江藩在《汉学师承记》中说："家本寒素，卖文诔墓以自给，余则一介不取也。"这是不尽合乎事实的一种诔辞。因为休官后的王鸣盛具有仕与学的双重身份，他满可以以诗文待价，博取优裕的生活。他的友人、史学家赵翼于乾隆五十三年（1788）过苏州晤王鸣盛时所写诗中有句说："喜听贫官作富人。"原注称："君生事颇足。"这句诗和注明白地道破王鸣盛并非寒素。赵翼在论定王鸣盛身后的挽诗中，还不厌其烦地又把王鸣盛卖文鬻字以及善于经营的致富行迹写进去说：

  风趣长康半点痴，牙筹不讳手亲持。出门误认仪同宅，筑室遥催录事资。皇甫三都求作序，李邕四裔乞书碑。即论致富惟文字，前辈高风亦可思。

这首诗明确地说王鸣盛亲自持筹握算，以文字致富。因此，其生活必然优裕。所以赵翼才在相晤后写诗说："形容别久犹堪认，知是闲居养益驯。"有钱有闲给休官后的王鸣盛提供了从事著述的物质条件。《十七史商榷》和《蛾术编》都是在这一条件下撰写的著作。前者于撰者卒前十年完成并付刊问世。而《蛾术编》则直至逝世尚未定稿。二书估计是并行从事的。因为在《十七史商榷》中曾有如下一段记载：

> 予别有《蛾术编》，分十门。第一门说录，全以艺文志为根本，就中尚书古文是予专门之业，而小学则尤其切要者，今先摘论之，余在《蛾术》，此不具。

这段话虽然文字不多，但可看出撰者的学术宗旨所在，即以目录学为基础，以经学为专攻，以文字训诂为门径。王鸣盛的这一宗旨在其他著作中也随处可见。

王鸣盛的三部学术著作，《尚书后案》是青年时期的著述，《十七史商榷》是中老年时期的撰作，但都作为定稿付刊。唯有《蛾术编》是晚年有待于订正的力作。王鸣盛对此书"自谓积三十年之功始克就"。因此，不能因其混杂而忽视其价值。

《蛾术编》是王鸣盛于晚年"取平时著述汇为一编，分说制、说地、说字、说录、说刻、说人、说集、说物、说通、说系十门。其书囊括经史，牢笼百家，为先生生平得意之作"，但一直待订未刊。道光元年（1821），王鸣盛的外孙姚承绪从王鸣盛的孙子耐轩兄弟处传抄一通，即所谓九十五卷本，并请两江总督陶澍审订，希望陶澍运用政治影响，饬令本县鸠工镌版。但未获结果，只有陶于道光九年（1829）为全书写序一篇。道光十九年（1839）春，沈懋德始见到姚抄本，即欲付刊，值同邑迮鹤寿见过，愿任勘校，以原抄本九十五卷中《说刻》门十卷详载历代金石，已见收于王昶《金石萃编》。《说系》门卷，间有迮氏按语。二十一年（1841）末付刊。二十三年（1843）竣事，即今之传本。

《蛾术编》是王鸣盛殿后的一部学术著作。他自称："是编之成，一生心力实耗于此。当有知我于异世之后者。"而时人对此书也有所评论。如陶澍在原序中称其书为"网罗繁富，六艺百氏，旁推交通，靡弗洞畅"。这部书的最大特点是不厌其烦地阐述自己的学术宗旨，力推郑玄及郑学。他除在《说录》门中多次发扬郑学

外,还在《说人》门中专有五八、五九两卷谈论郑玄及郑学。其卷五八第一则即阐明宗旨说:

> 余说经以先师汉郑氏为宗,将考其行迹为作年谱,随所见辄抄录,积之既多,欲加编叙,而其事之不可以年为谱者居多,乃改分十二目,各以类次之。内著述类已详《说录》。

王鸣盛在这二卷中对郑玄的世系、出处、著述、师友、传学、轶事、冢墓、碑碣等都做了专条论述,可谓表彰郑学不遗余力。

其次,《蛾术编》是王鸣盛对自己生平著述的补苴、订误之作。《十七史商榷》止于宋史。而《蛾术编》则于卷十一补述辽金元史数条。《尚书后案》发扬郑学尚有不足。而《蛾术编》则于《说录》、《说人》诸门以多则反复陈述。凡《十七史商榷》中言之不确或讹误,"其不及尽改者,总入《蛾术编》可也"。陈师曾例言其事说:

> 《蛾术编》九有"史记但称太史公"条,言汉艺文志春秋类有《太史公百三十篇》即《史记》也。而不名《史记》,则《史记》之名起于后人云。西庄盖自知《十七史商榷》之失言,而思以此弥缝之也。又书名商榷,榷当从手

不从木，西庄亦辨之于《蛾术编》三十，认前此误引木部，其书已行，不及追改云。

但是，《蛾术编》也依然明显地表露出王鸣盛在学术上的狂傲。刘向父子在创建我国古典目录学方面是有重要贡献的，其著作至今仍具参考价值，而王鸣盛却詈刘向为"西汉之俗儒，其书传世甚多，颇俚鄙而附会，远不如其子歆"，这一评论实欠公允。刘向的学术成就，久有公论。刘歆学术造诣甚高，所撰《七略》为综合图书目录肇端，后人甚至将其与《史记》并誉为西汉两大学术巨著，但不能否认其多承家学。设无刘向的先行撰录，则刘歆何得于三两年间成《七略》。诸如此类，于刊书时已有持异议者。如赵彦修所写的一篇长序，虽自称是"略抒所见，顺其篇章，条例于左，或可为读光禄书者搜讨之助"，实际上，这篇序主要是对全书的批评。它对《蛾术编》的疏漏、偏颇以及错谬之处指陈颇多。如驳其攻刘向一则说：

> 夫刘向校书天禄，每一书已，向辄条其篇目，撮其指意，录而奏之，后代目录之学所由昉。向非中垒，则经典日就淹没耳，且其所上章疏封事，原本经术，即贾董无以

过。至《新序》、《说苑》、《列女传》诸书，博采传记以为鉴戒，尤具深心，而遗文逸事，多赖以传，足资考证，谓之鄙俚附会，是其立论不无少偏哉！

王鸣盛对其他学者也多所雌黄。他不仅对远者如李延寿、王应麟，近者如顾亭林、朱彝尊、戴震等肆加轻薄，即其同时代同流派而并未享盛名的人也多加苛求。他抨击余萧客所撰《古经解钩沉》说：

近日余萧客辑汉人经注之亡者为钩沉。有本系后人语妄摭入者，有本是汉注反割弃者。书不可乱读，必有识方可以有学，无识者观书虽多，仍不足以言学。

这种批评是值得辑佚工作所注意，但后半部分的讥嘲尖刻有失学者胸襟。这正是王鸣盛贻后世评论的疵瑕。

《蛾术编》尽管是撰者尚待订正的著述，但作为一部杂考性的著述还是具有一定学术价值的：

其一，《蛾术编》为研究古代文献典籍提供了若干有所裨助的资料——对研究方法有所折中，对古籍内容有所评介。如卷十二对地方志书的评论，颇具卓识；卷十四条述丛书，可略知丛书的源流发展。至于具体到某书则更有多则。这些在全书中占有较大比重。

其二,《蛾术编》也表达了王鸣盛的某些独特的史识。如卷六十"宋太宗"一则说宋太宗"与赵普谋拥戴太祖,借太祖威名以服众,以太祖为孤注,事不成太祖首当其祸,事成己安享其福"。卷七七"温庭筠"条为晚唐诗人李商隐、温庭筠辩"无行"之诬,说:"凡新旧《书》所载,李温之过皆空滑无实,动云为执政所鄙,当途所薄,如此而已。"类此,都表明王鸣盛是一位读书有识、善于提出新见的学者。

其三,《蛾术编》是王鸣盛历经瞽而复明,依然修订不辍的未完之作,可惜至死未能卒业。所以钱大昕深致感慨地说:"谁知蛾术编抄毕,不得深宁手自校。"这可以看出撰者日求进益的治学精神,至使此书终不失为正讹补误、开阔视野的学术著作。全书涉及内容广博,可以知撰者搜求之勤,所以其友人曾赞誉他"夹漈奇书肆冥搜"。《汉学师承记》也称"其书辩博详明,与洪荣斋、王深宁不相上下"。而赵翼更写诗全面评价了《蛾术编》成书的艰辛及其对后世的影响:

  重翻插架书,快比故旧逢。生平未定稿,戢戢束万简(时方排纂《蛾术编》)。绳头积细碎,牛毛散氄氃。挑灯自排纂，缕缕入纪综。订讹朦奏叟，指迷瞽导童。遂使天下目，障翳尽扫空。

这首诗说明了撰者在视力困难情况下用力之勤，以及其书对后人所起启智祛疑的重要作用。这种描述应当认为基本上是一篇写实之作。

2004 年 8 月修订稿

总持四库的纪晓岚

纪晓岚在清朝乾嘉时代居于高位,负有盛名,学问淹贯,而且有关他的民间传说之丰富,在整个封建社会像他这样地位的人当中是罕见的。有许多名人往往容易被人"造神"。无论是名官巨宦,还是文人学者,他们有两种情况:一种是被人民所厌恶的,往往被人们传播一些传说,编造一些笑话,来讥讽嘲弄;一种是为人民所景仰的,人们会对他的一些事迹、一些思想造出一些神奇的传说来颂赞。纪晓岚属于后者。他以他的聪明睿智,博得人们的敬爱。更重要的是关于他的传说,相当部分是反映了人民的意愿,其中大部分牵涉乾隆皇帝。人民通过纪晓岚这样一个代表人物来应对皇帝,来说明人民的智慧是高于皇帝的。但是,后来有人把纪晓岚的形象给歪曲了,甚至有人把纪晓岚的一些小节夸大成他生活的全部。这是对纪晓岚的严重歪曲,所以我觉得研究纪晓岚,很重要的一点就是要还纪晓岚以本来的真实形象，真实面貌。

纪晓岚是在中国文化史上有重大贡献的文献学者，是一位文化巨人。纪晓岚在整个中国文化史上所做的贡献可以说是前无古人，而且截至目前也尚无来者。他在文化事业上做了两件大事。

一是编纂了《四库全书》。《四库全书》的编纂，是在清代盛世的一次大举动。在此之前，经过了康雍两朝和乾隆的前期。到了乾隆中期，国力日益充实。三藩也平定了，台湾也收复了，西北也归顺了，中国大一统的局面已经形成。一个朝代在开始的时候首先要稳定政权。政治稳定之后，就将进入经济、文化发展时期。乾隆皇帝要通过文化来体现、表达一种气象。一种国家大一统的气象。《四库全书》就是反映大一统局面的结晶。而且这部全书的编纂，也成了中国文献史上的一个重要里程碑。中国是一个有着优秀文化传统、保存着丰富文献资料的国家，屹立于世界之林，具有不可动摇的地位。中国的文献在历史上经过了三次大的总结。第一次是在汉朝，出现了《史记》、《汉书》等，总括了前史的文献，记述了千年的历史。第二次是从公元初到9世纪的隋唐时期，在唐初出现贞观之治，这时就要总结以前几个世纪的文献，所以就出现了《隋书·经籍志》。《隋书·经籍志》又把近千年的文献做了一次总括。从9世纪到18世纪中叶,是中国封建社会走向兴盛又慢慢衰弱的时期。这又是近千年的历史。中国虽然经历了许多战乱,但基本上保持了大一统局面。中国的文献得到了很丰富的庋藏。在乾隆时期出现了中国文献史料的第三次大的结集。《四库全书》担负了这一历史使命。在开始编《四库全书》以前,清朝一些学者继承明代学者曹学佺的创议已经有了动议,要编一部儒家的汇总性的图书。当时有人提出,道家有《道藏》、佛家有《佛藏》,而儒家则没有一部《儒藏》。所以在乾隆初期,就出现了周永年的"儒藏"说。他们提出要把儒家经典汇编在一起,成为完整的体现中国主流思想的一套大丛书。这个问题后来就落实为编纂《四库全书》。《四库全书》的编纂责任就交给了纪晓岚。当时朝廷下了文件,要各省把社会上的书籍征集起来送到中央。这是中国历代都有过的一种行为,通过征书来充实国家藏书,然后再在这些藏书中选择编纂《四库全书》。当然对于《四库全书》的编纂,研究者当中也有些非议。因为在编书过程中也毁掉了一些书,所以有一种说法叫"功魁祸首"。即对保存文化典籍有功,但是对摧残文化也做了一些灾难性的事情。这个事情如果从政治学的角度上来分析,无可厚非。一个统治者总要用一种主流思想来维系自己的统治。如果不符合时代的要求，他总是要把它毁掉，或者是删改。历代都有这种现象。如果从功过上来分析，它还是功大于过。《四库全书》的编纂，保存了中国的历史文献，而且能够广泛流通。至今海内外一提《四库全书》，可以说稍有学识者无不知之。在这当中纪晓岚花了很大精力，在编书过程中有很多事情值得我们学习。一个是他善于遴选人才，这部书分经、史、子、集四部，他要选顶级人物来负责分部的工作。当时选的，经部戴震，是经学大师；史部邵晋涵，是当时著名史学家；子部周永年，是当时编纂《四库全书》的提议者之一，也是提倡藏书向社会公开的倡导者之一；集部，纪晓岚自己承担。经史子集的主持人都是当时在学术界最有声望、学识最渊博、底蕴最深厚的几位学者，总其成的是纪晓岚。纪晓岚不但选拔了当时各方面最有学识、最有功底的学者，而且他还可以领导、驾驭这些顶级人物。当时还有许多二三流学者，馆员三千人，是很大的机构。所以他也是一个相当有组织才能的人。

在编纂《四库全书》这个问题上，清代有的学者，曾经有过异议。有人说他对《四库全书》的贡献不像人们想象得那么大。但在他的身后，一位曾经与他共过事，在朝廷很有地位的人叫朱珪，给他写了一篇祭文，那是死后的定论了。他有四句话，概括了纪晓岚的贡献："生入玉关，总持四库，万卷提纲，一手编注。"纪晓岚曾因涉案被发配到新疆，后又被敕还，所以朱珪讲他生入玉关。总持是总负责的意思，他又一手编注了万卷提纲，即《总目提要》。这四句话是朱珪对纪晓岚最沉痛、最扼要的论断。这书编好之后，誊写了七套，在南北"七阁"中分别存藏。《四库全书》的编纂，对各地文化起到了很重要的推动作用，南方的阁藏，人们甚至可以去里边抄写。

在编书过程中，因为要辨别这些书，决定取舍，所以每一部书进呈上来之后，都要有主持者写一篇提要。这些提要汇总起来，就形成了编纂《四库全书》的一个副产品，叫《四库全书总目提要》，简称《四库提要》。《四库全书总目提要》实际上是一部学术史，对每一部书的源流、价值等都做了介绍。它成为后来学者研究这些古书的一个切入点，很多大学者都承认，他们是从《四库全书总目提要》入手做学问的。《四库全书》近八万卷，人们读是不容易的，而《提要》总共二百卷，这就可以读了。当时又考虑到一般读者仍不方便，于是又编了《四库全书简明目录》，简称《四库简明目录》，就成了一小册了，所以《四库总目》有繁简二本。在中国历史上，为国家藏书编目录的历代都有，但同时编繁简两种目录的唯有纪晓岚。他不但为治学做了楷模，而且为使学术让更多的人易于接受，树立了一个榜样。所以我们说，《四库全书》的编纂，纪晓岚在中国文化学术事业上，特别是在文献结集上，做出了前无古人的贡献。后来虽有人做过一些"续"、"补"等工作，但无论在规模上、深度上都还没有人超过纪晓岚。所以我们说"尚无来者"。《四库全书》的编纂是纪晓岚在文化史上的第一大功绩。

第二大功绩是著《阅微草堂笔记》。《阅微草堂笔记》是他的晚年之作，是在《四库全书》编就之后，在收尾工作期间，他写的一部随笔体著作。在这部书中，他写了他的许多见闻，也有一些是他假借狐怪之事来劝诫人们，还有一些是对一些事件的考据。比如说沧县这地方产枣，他在书中就讲到"余乡多产枣，北以车运京师，南随漕船以贩鬻于诸省，土人多以为恒业"。是说从那时纪氏故乡崔尔庄这个地方就有很多人以卖枣为固定职业。到现在，这一带还是个产枣区，还是个枣产品集散地，而且如今枣的销售范围更广。还有朝中的一些掌故，如怎么样考试，怎么样发榜，怎么样唱榜，也都有所反映。

清代文言小说，著名的还有蒲松龄的《聊斋志异》。早在清代，就已经有人把《阅微草堂笔记》与蒲松龄的《聊斋志异》并称。在清代学者中，对这两个人、这两部著作也有不同看法，有人扬纪抑蒲，有人扬蒲抑纪。我们说，这两部书在清代小说杂记中，都是不可磨灭的巨作。各有代表意义，可以并存。我们不必要说哪一个好、哪一个劣，它们在内容上也有些不同。对《阅微草堂笔记》的评论，最公允的当属鲁迅先生的《中国小说史略》。他给该书下了一个结论，"后来无人能夺其席"。就是说，后来人再按这种体裁著书，没有人能超过它。后来确实有不少人写过这种笔记，像许仲元的《三异笔谈》、乐钧的《耳食录》、俞樾的《右台仙馆笔记》等。蒲松龄的《聊斋》基本上都是志鬼怪，是志异小说，应入小说家；而纪晓岚的《阅微草堂笔记》不单是志鬼怪，则应入杂家。在古典图书分类中，它们不属一类。可以说《阅微草堂笔记》在清代随笔体杂记中是不刊之作，它是没有办法修改的重要作品。所以我们说，纪晓岚在以上两项文化业绩上做了重要贡献。

后人对纪晓岚编《四库全书》看得重，而对他著《阅微草堂笔记》似乎看得略微轻了一点。但这部书在民间流传很广，自清以来，《阅微草堂笔记》的刊本包括私印本，大概不下二十来种，有的书还做了一些注解，这些注本有很多注典故、注词语，做得还是可以的。但是它们有很大一个缺点，因为作注的人都不是当地人，所以他们对当地一些情况的注，就出现了有些违背的地方。比如"高川"这个名词有的不加注，有的就认为是一片高高的地方。但是沧县人就知道，"高川"是个村名，沧县就有高川村。所以有人问我，我们结合当地的人和事和地名，对《阅微草堂笔记》做一个详注有没有必要？我说这是天大的好事。我非常希望纪晓岚研究会能把这件事列入研究课题之中，这个注本出来以后，那是纪晓岚故乡的后人来注纪晓岚的书，我想一定会非常贴切。注释过程可以把前人的成果吸收进去，那么这个注本将成为沧县纪晓岚研究会的惊世之作，可以说是个标准本。

对纪晓岚这样一个人物，应该给他一个评价，应该还其真实面貌，应该对他在中国文化事业上的贡献给予充分的肯定。2002年上半年北京修纪晓岚故居，下半年沧县成立了研究会，这都是应该做的好事。因为纪晓岚无论从民间传说所反映的人民意愿，还是他在文化史上所做的巨大贡献，无疑是一位中国名人，而且他也是世界名人。今天我们来纪念他、研究他，具有足够的重要意义。一者以正社会视听，二者以阐释他的文化成就。

〔附〕
纪晓岚还欠通达

无论传说或影视剧中，纪晓岚都让人有一种通达的感觉。他对因涉嫌泄密流放新疆和从新疆赦回承担起编纂《四库全书》重任等事情，都能举重若轻地对待。他也很善于处理与皇帝和同僚的关系，似乎已洞识人生，无所羁绊。所谓"通达"的最基本点是看破名利。纪晓岚可能在利上看得开一点，但在名上仍欠通达。最近偶读清人牛应之的《雨窗消意录》，其卷一就有纪晓岚的逸事一段。说纪晓岚读清人钱曾《读书敏求记》一书中所载明藏书家赵琦美身后藏书散失，有"武康山中，白昼鬼哭"的传说后，认为"'聚必有散'何所见之不达耶？"并和他的朋友董曲江评论说：

大地山河，佛氏尚以为泡影，区区者复何足云！我百

> 年后，倘图书器玩散落人间，使赏鉴家指点摩挲曰："此纪晓岚故物，是亦佳话，何所恨哉！"

纪晓岚自以为非常通达，对身后无所挂念，他的想法一定能得到他人的赞誉，但他万万没有想到好友董曲江却毫不留情地给以批判说：

> 君作是言，名心尚在，余则谓消闲遣日，不能不借此自娱。至我已弗存，其他何有？任其饱虫鼠，委泥沙耳！故我书无印记，砚无铭识。正如好花朗月，胜水名山，偶与我逢，便为我有。迨烟云过眼，不复问为谁家物矣，何能镌号题名，为后人作计哉。

《雨窗消意录》的辑者，对纪、董二氏所论，认为董氏"所见尤脱洒"，意思是纪氏似欠通达矣。不过若从为人而言，纪氏愿留"故物"于人间，较之董氏之标榜"无名心"者，尤胜多多。纪氏之言，或因自视甚高，料自己必传，故有"此纪晓岚故物"的预测，而董氏默默，或自愧不如，而故作洒脱以解嘲。

烧车御史谢振定

清朝到了乾隆时期可说是达到了鼎盛，但它又正是清朝由盛趋衰的转折点。清初以来近百年的国力积蓄和康熙、雍正两朝的苦心经营，为乾隆帝施展统治才能提供了充分优越的条件。所以，乾隆帝即位后不久就从各方面来表现自己的雄才大略。他首先调整统治政策，针对雍正朝的种种秕政，处理大量积案，对绅衿和官吏实行宽猛相济的政策，对一般农工平民做适当让步，缩小一点剥削分量，严厉打击反对派和平定叛乱。由于政策和措施的有力和适当，巩固和发展了清朝的专制统治，使清朝政权出现了极盛的局面，也把自己推向了所谓"英主"的顶峰。但是，就在乾隆帝志得意满傲视一切而陶醉于自己的事功时，却掩盖着一些由盛转衰的矛盾和弊端。

乾隆中期以后，统治阶级内部斗争日益明显。为强化文化专制主义而制造文字狱，禁毁图书以禁锢人民思想，官吏颟顸、贪污，吏治日趋奢华腐败。这些都在加速这个政权的滑坡，尤其是随着岁月的推移，乾隆帝骄傲自满的情绪加速膨胀，奸佞的臣工们更是阿谀奉承，使乾隆帝快步走向前期励精图治的反面。他骄奢淫逸，任情挥霍，穷兵黩武、滥施征伐，意志衰退日甚一日。及至晚年更是江河日下，特别是吏治废弛，各级官吏贪污勒索，加重了社会危机，人民生活非常痛苦而纷纷反抗，整个政权已显露险象。这些恶果，固然应由乾隆帝自负，但他所宠幸的佞臣和珅对乾隆晚年的败政确实起到了推波助澜的恶劣作用。

和珅本来只是个随侍乾隆帝左右的一个小臣，但是由于他言辞敏捷，善于阿谀逢迎，讨乾隆的欢心，所以博得乾隆帝宠信厚遇，在仕途上平步青云，飞黄腾达，逐步由下僚提升到重臣。乾隆四十年以后，和珅在国家政治生活中的地位和作用开始上升，到乾隆五十年以后，随着乾隆帝老境来临，倦怠政务，对和珅的依赖与信用更进一步发展。和珅便利用乾隆帝贪财好货，喜爱排场的心态，勒索财货供乾隆帝任意挥霍，同时又倚恃窃取到的权柄，招权纳贿。乾隆帝不仅给和珅政治上的最大权势，甚至下嫁爱女与和珅结成儿女亲家。这种出乎异常的恩遇，使和珅无所顾忌地擅作威福，豪华奢丽，拟于皇室，而使路人侧目，甚至和珅的家奴刘全也成为炙手可热的权势人物。许多正直的官员和士人都很愤慨，上书揭发，但得到的却是败诉甚至丧命的悲惨结局。有一位陕西的老学究曾上书极言和珅怙宠卖权的劣迹，乾隆帝不仅不查处和珅的罪行，反而使上书人遭到灭门的灾难。当时有一位著名的监察御史曹锡宝还不敢直接触怒和珅，而只是检举和珅的家奴刘全恃势营私，所用的衣服、车马、居室有超越规定的事实。曹锡宝在举劾前曾与同乡友人吴省兰商量过内容，不料无耻文人吴省兰是和珅的私党爪牙。他敏锐地嗅到劾刘全是扳倒和珅的契机，于是卖友求荣，派专差到热河密报正陪乾隆在行宫游乐的和珅，同时赶快通知刘全毁掉不合规定的服用器物，结果查无实据。这个被人出卖的曹锡宝连承认错误都来不及，被指斥为据无根之谈，发书生拘迂之见。因为是言官，还需装点广开言路的伪装而从宽给曹锡宝以"革职留任"的处分。另一个监察御史钱沣因不满和痛恶和珅的所作所为，准备上奏，结果遭到和珅的毒害而死。这些冤案直到嘉庆亲政后才得到昭雪，这些言论上的反对都触怒了和珅而受到迫害，所以更难以有行动上的作为。就在这样险恶的环境下，竟然出现一位敢于当众给和珅以难堪的人,确乎难能可贵而值得钦敬。这个铮铮铁汉就是为后世所传诵的烧车御史谢振定。

谢振定,字一斋,号香泉,湖南湘乡人。他在乾隆四十五年经过苦读力学和层层考试,终于考取了进士,登上了进入仕途的阶梯。由于他比较年轻和富有文采,所以被选入庶吉士馆进行培养。一年后散馆被任命为翰林院编修这一清要职位。三年以后,谢振定又被任命为监察御史,奉命去巡视和考察南方的漕运利弊。当他巡视到扬州一带时,发现漕船阻塞难行。漕粮是清政府的经济生命线,漕运受阻则仓粮不能充实,影响很大。谢振定设法除去关卡的苛索,解除漕船争先恐后的慌乱,正巧又遇到南风助行,使漕船顺利北行。漕丁们解除了困境,又赶上顺风的助力,为了感念谢振定的关心,所以把这阵风称为"谢公风"。

乾隆六十年,谢振定迁任兵科给事中,这是一种负责纠正违反制度和不利封建统治行为的官职。有一天,谢振定巡视京城的东城,见到有一辆不符合乘车人身份的违制车在大街上飞驰,吓得路人纷纷逃避,惊恐不安。谢振定派人拦获后加以讯问,哪里知道乘车的人正是和珅的妾弟。这个依附裙带关系乱逞威风的恶少,不但不赶快认错,反而出口不逊,恶语伤人。这要是一般官吏或胆小怕事，或保全禄位，都会大事化小、小事化了，悄悄地了结。偏偏遇到这位硬骨头的铁汉，不仅对和珅的妾弟痛加鞭笞，还在通街大道把一辆奢靡华丽的车子当街烧掉。他一面烧车，一面还非常机智地说："这辆车已被小人玷污了，哪里还能让尊贵的宰相去坐呢？"这种笑骂使得和珅虽痛惜车子被烧，却无词去责问，只得暂时咽下这口气，等待报复的机会。不久，和珅的党羽王锺健领会和珅的意图，制造其他借口，弹劾谢振定，免去了谢振定的职务。直到嘉庆五年，和珅倒台后，谢振定才重被起用。先后任礼部主事、员外郎和主管漕粮的监榷工作，对整顿漕粮的兑运工作又有所兴革。嘉庆十四年，这位不畏权势的官员辞世而去，给人间留下了一股正气。

道光中叶，谢振定的儿子谢兴峣，任河南裕州知州，因政绩突出受到道光帝的接见。谢氏籍贯湖南，但说得一口纯正的北京话，引起道光帝的兴趣，便问他原因。谢子说因父亲谢振定曾任官京师。道光帝非常惊讶地说："你就是那个烧车御史的儿子吗？"于是又讲了许多勉励的话。第二天，道光帝见到军机大臣时，还兴致勃勃地说："我年轻时就听说过烧车御史的故事。昨天正见到他的儿子。"为了嘉奖谢振定的风骨，他的儿子谢兴峣被擢升为叙州知府。

和珅权倾中外，威临臣民，几乎已达到顺之者昌，逆之者亡的地步。官员中有志气敢于触动者即遭到残害，怯懦无操守者则依附谄媚。而谢振定既有胆识与权奸搏击，又能机智地抓住机会羞辱奸人而保全自己，确是不可多得的刚劲铁汉。谢振定烧车壮举在当时一定轰动九城，否则，深居宫廷的年轻皇子为什么能知道，并在几十年后犹有如此深刻的印象呢？

女科学家王贞仪

王贞仪是我国清代的一位女科学家,字德卿,自号江宁女史。1769年生于江南名都南京,卒于1797年,年仅二十九岁。她的祖父是一位具有历算学识而性情怪僻的中下级官员,因不善做官而丢职,后又被发配吉林。父亲王锡琛是科举道路上的失意者,但却是一个好医生。王贞仪出身于这样的家庭,除了对于世态人情比较敏感和因随父四处奔波而见多闻广外,更主要的是在父、祖的熏陶、培养下,加上自己的勤奋好学,不仅具备了经史诗文的素养,而且在天算、医药等领域也达到了较高水平,成为清代乾嘉时期一位卓越的女科学家。

天文算学是我国有着悠久历史传统的学科。明清以来稍形衰落,前人的许多成果未能得到充分的继承和发扬,致使天算成为"绝学"。但王贞仪却勇于涉足,她广泛地涉猎古代著名天算家张衡、虞喜、祖冲之、何承天、僧一行等人的著作,对一些理论和实际问题进行了阐发和解释。她研究了天象、勾股、测量等方面的问题，精心研读了清初大天算家梅文鼎的著述，写下了许多天算方面的著作。她还针对当时人们对历算或者轻视，或者畏难的情况，反复阐述历算的重要意义。当时历算有中西法的不同流派，王贞仪则主张集思广益，不要有门户之见。她认为："中西固有所异而亦有所合。"西法的"法理之密，心思之微"的长处也未可忽视。她的结论是："理求其是，何择乎中西？惟各极其兼收之义。"这种博采众长，服从真理的治学态度正是一个有成就的科学家所应有的风度和品质。

王贞仪对于天文学中若干天象问题都做了阐述和解释，提出了个人的见解。她批驳了当时所谓"天渐差而西，岁渐差而东"的误解妄说，明确指出：从天周来说是恒星东移，从岁周来说是节气西移。她提出的岁差"大抵不过六七十年始差一度"之说和实际情形比较接近。

王贞仪还很重视科学实验。她经常利用自己的天文知识在夜间去观测天星、气象来推断晴雨丰歉，且常常得到符验。她甚至利用厅堂里的挂灯（拟作太阳）、桌子（拟作地球）和屏镜（拟作月亮），通过调整它们的相互位置、距离及移动来观察日照，借以实际了解月食的道理。

王贞仪致力的科学领域是相当广博的。她在《地圆论》一文中反复阐述了地体浑圆的论点，并且还解释了人在环形体上立而不倾的道理是"因各方之天顶随其人之环立而异"。就是说：地球环周都处在和天体的相对空间关系之中，没有上下正侧的区分，所以人就不致倾跌。她还承受了父亲的家学，不仅从医书中学习了医理，而且能切脉治方。她痛斥庸医误人，提出了察脉、视人、因时、论方、相地的医道五诀。提出了"升者降焉，陷者升焉，虚弱者凉补焉，大热者寒化焉，风者散焉，爆者润焉，蓄者破焉，滑者涩焉"等辨证治法。

王贞仪在二十九年的短暂人生旅程中，既勤奋好学，又发挥天赋才智，撰写了许多专著和诗文集，做出了很大的贡献。清著名学者钱仪吉、诸可宝、肖穆、吴昌绶等都高度评价她的学识。这样一位思想解放、学识精深，把短暂的青春无保留地贡献于科学的女科学家，是值得我们钦敬、怀念和研究的。